損保代理店
成功の秘訣

八木 田鶴子 監修
代理店ビジネス研究会 著

はじめに

　すでに成熟産業と思われがちの損害保険業界であるが、昨今の大規模自然災害や、高齢者による自動車事故の増加により、損害保険の重要性が再認識されている。

　業界内では金融規制緩和を受けて、メガ損保グループへの業界再編や、商品自由化、さらには、損害保険代理店数の減少傾向がある。また、保険金不払い問題を発端とするコンプライアンスの厳格化や、金融庁主導による法整備も進んでいる。

　一見すると非常に厳しい経営環境と見えるが、冒頭にあげたリスクに対する備えの需要も高まっている。代理店経営者の工夫次第でいかようにもビジネスを伸ばす余地が高い業界である。

　本書は、こうした損保代理店業界において勝ち残るために、どのような未来戦略を描いたらよいのかについて、中小企業診断士の代理店ビジネス研究会のメンバーで研究し、解説した。

　激動の市場環境変化を迎える損保代理店において、代理店の経営者に役立つ経営成功の秘訣を平易な解説により提案する。実際に成功している代理店の事例も合わせて、明日から実践できる方法を読者に伝えることで、経営革新への動機づけを図りたい。

　また、これから損保代理店を始める人や、損保代理店への入社を検討中の就活者、さらには損保代理店をクライアントに持つ経営コンサルタントにとって、損害保険業界の基礎知識から、損保代理店を取り巻く経営環境まで、損保代理店を理解できるようわかりやすく解説した。

　第1章および第2章では、損害保険の基本的な仕組みや損害保険業界の現状、変化している市場環境などについて概観および、損保代理店を取り巻く経営環境の変化のなかで、勝ち残りにかける損保代理店ビジネスの方向性と

はどのようなものなのかを述べている。

　第3章から8章までは、損保代理店経営にとって、経営戦略・経営計画の必要性やその策定プロセス、市場開拓におけるポイント、リスクコンサルタントとしての姿勢や地域密着型経営のあり方、ITの活用、組織的営業の重要性、財務マネジメントや人材マネジメントの重要性などについて解説している。

　そして、それらの勝ち残るための方策それぞれを実践し、環境変化に対応して成長を遂げている中小企業を取材させていただいて、事例として紹介している。

　第9章では、第1章から8章までにあげた損保代理店経営の課題について、ロジックツリー形式で表記しており、関係性を"見える化"している。

　本書で取り上げることのできた課題とその対応策は、重要視されている課題のほんの一部でしかないが、損保代理店経営の発展にささやかでも寄与することができるならば幸いである。

　なお、本書刊行にあたり、取材にご協力いただいた各企業の皆さまの真摯な対応に感謝します。また、本書の刊行にあたり、多大なるご尽力をいただいた株式会社同友館の鈴木出版部長に心より御礼申し上げます。

2016年5月

　　　　　　　　　　　　　　　　　　著者を代表して　八木　田鶴子

～目　次～

第1章　損害保険のキホンと市場環境 ……………………………… 7
1　リスクと保険 ………………………………………………………… 8
2　損害保険の仕組み ………………………………………………… 11
3　損害保険業界の現況 ……………………………………………… 14
4　損害保険商品について …………………………………………… 18
5　市場環境の変化 …………………………………………………… 21

第2章　生き残りにかける損保代理店ビジネス ………………… 27
1　損保代理店とは …………………………………………………… 28
2　損保代理店を取り巻く経営環境の変化 ………………………… 32
3　変化を生かす損保代理店 ………………………………………… 40
4　変革の方向性 ……………………………………………………… 43

第3章　勝ち残る秘訣はキッチリとした経営計画 ……………… 47
1　経営計画作成の意義 ……………………………………………… 48
2　経営計画の作成プロセス ………………………………………… 51
3　経営計画への落とし込み ………………………………………… 59
4　経営計画策定に必要な視点＝組織戦略 ………………………… 62
5　【事例】エージェントの共感を得る経営計画の策定 ………… 63

第4章　法人市場の開拓はリスクマネジメントで ……………… 67
1　企業活動はリスクばかり ………………………………………… 68
2　法人向けリスク対応商品は中小企業がマーケット …………… 71
3　中小企業への提案方法 …………………………………………… 74
4　法人向け商品の販売アプローチ ………………………………… 79
5　【事例】「リスクコンサルティング」を切り口に差別化 …… 83

第5章　地域密着型保険代理店をめざす……87
1　地域密着型代理店としての地域戦略……88
2　ホスピタリティあふれるコミュニケーション……91
3　ファン客を育てる……96
4　地域密着型営業の具体的な進め方……98
5　【事例】「ならでは」の経営理念で地域密着型営業を実践……102

第6章　ITのフル活用で売上倍増作戦……109
1　保険代理店におけるIT化の現状……110
2　IT戦略の策定……113
3　IT活用の実践……116
4　IT活用のための社内整備……125
5　【事例】IT活用の実践企業……126

第7章　「点」から「店」へ　強い会社組織の構築……131
1　「点」の集合体としての代理店経営の現状……132
2　強い代理店をめざした組織・人材の再編成……137
3　社員のモチベーション向上に取り組む……142
4　貢献意欲を向上させるインセンティブを提供……146
5　【事例】強い組織づくりの実践企業……148

第8章　財務管理と人材管理が経営を強くする……153
1　損保代理店の財務マネジメント……154
2　損保代理店の人材マネジメント……161
3　人員計画と人件費計画の作成方法……167
4　営業人員の活動分析と生産性向上……172

第9章　まとめ──キーワード関連図 175
　1　損害保険のキホンと市場環境 176
　2　生き残りにかける損保代理店ビジネス 176
　3　勝ち残る秘訣はキッチリとした経営計画 178
　4　法人市場の開拓はリスクマネジメントで 178
　5　地域密着型保険代理店をめざす 180
　6　ITのフル活用で売上倍増作戦 180
　7　「点」から「店」へ　強い会社組織の構築 182
　8　財務管理と人材管理が代理店経営を強くする 183

　参考文献・資料 185

損害保険のキホンと市場環境

　今、損害保険業界は大きく変化している。損害保険代理店として勝ち残り、成長を続けるために必要な変革とは、どのようなことなのか？
　本章では、損害保険の基本と市場環境を概観する。基礎知識の再確認とともに、環境変化を正しく認識することで、経営革新のヒントにしていただきたい。

1　リスクと保険

（1）　リスク意識の高まり

　損害保険業界は他の多くの産業と同様、成熟産業と思われがちである。しかし、本当にそうだろうか？

　損害保険が誕生した中世の時代から、リスクが存在するところに損害保険は必要とされてきた。リスクが多様化・複雑化する現代においては、損害保険のビジネスチャンスはむしろ広がっているといえるのではないだろうか。

　2011年3月、わが国を襲った東日本大震災において、2012年5月末時点の地震保険支払件数は673,755件、支払総額は1兆2,000億円以上にのぼった（一般社団法人　日本損害保険協会HPより）。

　地震リスクに対する危機感が高まったためか、日本における地震保険の付帯率（住宅物件の火災保険契約に地震保険契約が付帯されている割合）は年々増加し、2013年度は全国平均で58.1％となった。

　地震などの大災害から早期復旧するために、保険が果たす役割は大きい。地震による建物の損害は、個人なら火災保険付帯の地震保険、企業なら火災保険の拡張担保特約などで補償される。

　もちろん、リスクは地震のみではない。自動車事故、火災、ケガなど、個人の生活にはあらゆるリスクが存在する。

　企業活動においても財産損失、収入減少、賠償責任など多数のリスクをあげることができる。近年は、大企業、中小企業ともに、BCP（事業継続計画）の策定など、リスクマネジメントを重要な経営課題ととらえる経営者が多くなっている。その対応ソリューションとして、損害保険を提案する「機会」は増加している。

　今後も、個人・企業ともに不測の事態に対する備えとして、損害保険が幅広く活用されていくことは間違いない。したがって、損害保険代理店のビジネスチャンスは無数に存在し続けるといえる。

第 1 章 ● 損害保険のキホンと市場環境

図表 1-1　個人・企業のリスクと損害保険のビジネスチャンス

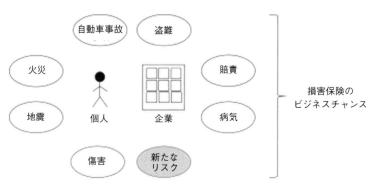

図表 1-2　地震保険付帯率の推移

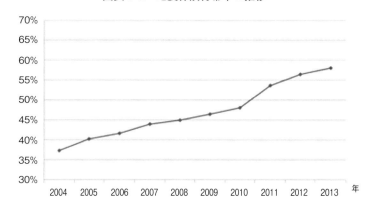

出所：日本損害保険協会 HP より著者作成

　損害保険代理店に期待される役割は、顧客を取り巻くリスクを精緻に分析し、最適な保険商品を提案することである。

(2)　**損害保険の起源**

　損害保険の始まりは 14 世紀。ベネチアやジェノバなどイタリアの商人た

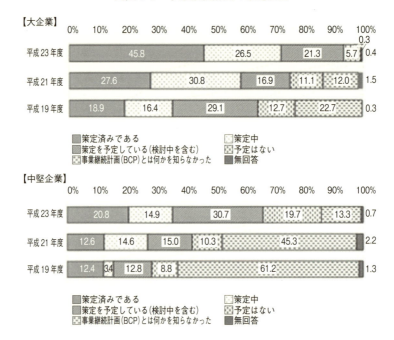

図表 1-3　事業継続計画の策定状況

出所：内閣府「企業の事業継続の取組に関する実態調査」

ちが行った「冒険貸借」という海上保険である。

　当時の航海は大きなリスクを伴うことが多かったため、多くの船主や荷主がこれを利用した。

　冒険貸借の仕組みは、①船主や荷主が航海の際に金融事業者から資金を借りる、②無事、航海に成功した時は元金と手数料を支払うが、万一航海に失敗した際は資金の返済義務を負わない、というものである。

　その後、イギリスやドイツで陸上の生活における保険の仕組みが生まれ始め、1666年9月のロンドン大火災を契機に火災保険が誕生した。

　産業や市民生活の発展とともに保険の需要は増加し、個人だけでなく企業

図表1-4 冒険貸借の仕組み

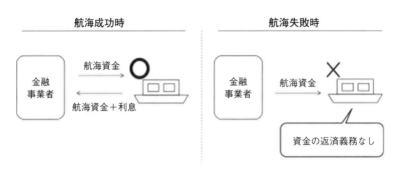

活動に関わる分野まで保険が活用されるようになった。

日本でも、鎖国が解かれた幕末から明治維新にかけて保険制度を取り入れ、1879年には日本初の保険会社が誕生した。損害保険は時代の変化や産業の発展に合わせて発達してきたのである。

2 損害保険の仕組み

(1) 大数の法則

ここでは、損害保険の3つの原則と、保険料の仕組みをおさらいする。

1つ目は「大数の法則」である。これは「個々の場合には偶然な事柄も、大量についてみれば一定の確率が見られる」という法則である。

たとえば、サイコロの目が出る確率を考えていただきたい。数回振って出る目の確率には偏りがあるかもしれないが、何度も振れば確率は6分の1に近づいていくだろう。

自動車事故や火災、ケガといった偶然に見える出来事も、多くについて調査すれば、一定の発生頻度となる、というのが大数の法則である。

図表1-5　大数の法則

火災の確率は
X%

(2) 収支相等の原則

2つ目は、「収支相等の原則」である。これは、支払われる保険金と加入者の保険料総額が同等であるというものである。

たとえば、1戸1,000万円の家屋が10万戸あったとして、全家屋が保険に加入すると仮定する。1年間の火災による消失戸数が100戸だとすると、損害額は1,000万円×100戸＝10億円である。これと同額の保険料を集めるための1戸当たりの負担額は、10億円÷10万戸＝1万円となる。

図表1-6　収支相等の原則

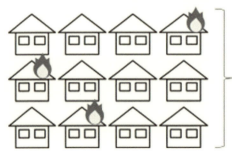

1年間で1,000万円の
住宅10万戸のうち
100戸が全損の場合、
損害額は
1,000万円×100戸＝10億円
負担額は
10億円÷10万戸＝1万円

(3) 公平の原則

3つ目は「公平の原則」である。これは「各人が負担する保険料は自分が負担してもらう危険の大きさに等しくなければならない」という原則である。

たとえば、自動車保険において、事故をよく起こす人は等級が下がるため保険料が高くなり、事故を起こさない人は等級が上がって保険料が低くなるのはこの原則にもとづいている。

また、火災保険で鉄筋コンクリート造の住宅のほうが木造住宅よりも燃えにくいため、料率が低く設定されるのも同様である。

図表1-7 公平の原則

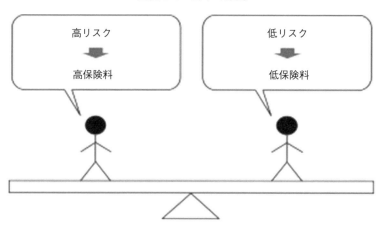

(4) 純保険料と付加保険料

(1)～(3)に述べた3つの原則にもとづいて保険料率は算出される。損害保険料は、この料率に保険金額を掛け合わせた「純保険料」に、「付加保険料」を加算したものである。

「付加保険料」とは、保険会社の事業費用や代理店手数料、利潤といった諸費用である。(2)の収支相等の原則にもとづいた純保険料では、保険料収

図表 1-8　純保険料と付加保険料

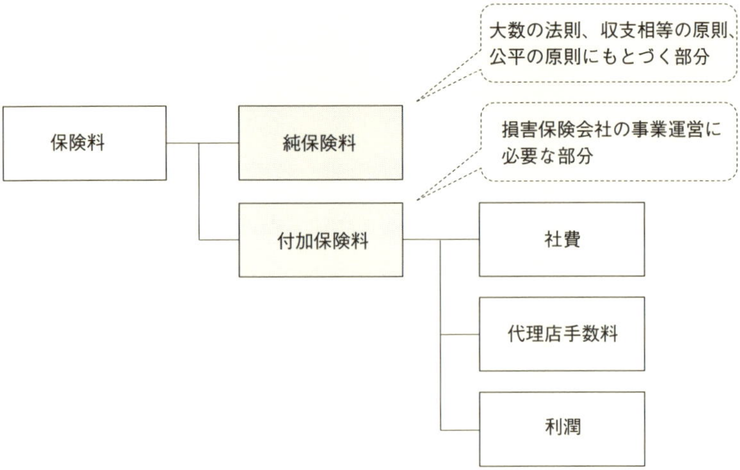

```
                    ┌─ 純保険料 ──→ 大数の法則、収支相等の原則、
                    │                 公平の原則にもとづく部分
保険料 ──┤
                    │               ┌─→ 損害保険会社の事業運営に
                    └─ 付加保険料 ──┤      必要な部分
                                    ├──→ 社費
                                    ├──→ 代理店手数料
                                    └──→ 利潤
```

入＝支払保険金となるので、民間企業である損害保険会社の「儲け」が出ないことになる。したがって、付加保険料を加算し、この部分から損害保険会社の利益が発生することになる（**図表 1-8 参照**）。

3　損害保険業界の現況

(1)　国内の損害保険会社

　日本国内の損害保険会社は、**図表 1-9** に示すとおり、2014 年 9 月 1 日現在、合計 52 社である。

　日本法人として損害保険免許を受けている会社が 30 社（外国資本が 50％以上の外資系損害保険会社を含む）、支店または代理店形態などで日本に進出している海外の損害保険会社が 22 社である。

　一方、損害保険代理店は 2013 年度末で 19 万 2,007 店である。保険専業のプロ代理店、自動車ディーラー、自動車整備工場、不動産会社、金融機関など、さまざまなチャネルが存在する。

図表 1-9　日本国内の損害保険会社の数

元受および再保険業	41 社
再保険専業	7 社
船主責任保険専業	4 社
合計	52 社

出所：日本損害保険協会 HP

　日本国内の損害保険販売の大半が代理店経由であり、2013 年度は全体の 9 割以上を占めた。インターネットなどの直販はまだ少数派である。

(2)　市場規模

　わが国における損害保険の市場規模は、2013 年度の全保険種目合計の元受正味保険料（収入積立保険料を含む）が 8 兆 5,688 億円、正味収入保険料（「正味収入保険料」＝「元受正味保険料」＋「受再正味保険料」－「出再正味保険料」－「収入積立保険料」）が 7 兆 7,713 億円である。近年は 7 兆円前後

図表 1-10　国内の損害保険会社の正味収入保険料

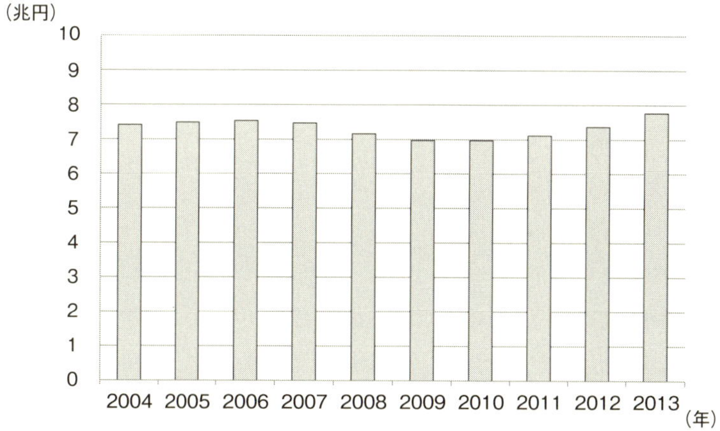

出所：日本損害保険協会

図表 1-11　各国の損害保険料比較（2010 年）

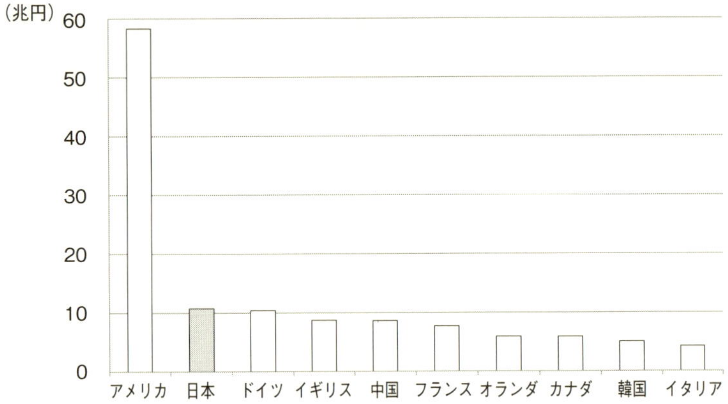
(兆円)
60
50
40
30
20
10
0
アメリカ
日本
ドイツ
イギリス
中国
フランス
オランダ
カナダ
韓国
イタリア

出所：日本損害保険協会

で推移し続けている（**図表 1-10** 参照）。

また、日本の損害保険市場は世界的に見ても大きく、**図表 1-11** に示すとおり、アメリカに次いで第 2 位の規模である。経済成長とともに損害保険市場も発展してきたのである。

(3) 業界の動向

従来の損害保険業界は「護送船団方式」といわれ、一律の保険料率のもと、各損害保険会社の商品内容や料金にあまり差はなかった。しかし近年、各社の競争が激化し、業界再編が進んだ。2014 年 12 月現在、東京海上ホールディングス、MS&AD インシュアランスグループホールディングス、損保ジャパン日本興亜ホールディングスの「3 メガ損保グループ」体制となっている。

その理由として、① 1996 年以降の金融ビッグバンにより、自由化の流れが強まる、②保険業法の改正、日米保険協議の決着で、差別化された保険商品や自由な保険料の設定が可能になったこと、③通販専業の外資系損保が日本の自動車保険市場に参入し、2001 年には銀行窓販の一部解禁により、販

第1章 ● 損害保険のキホンと市場環境

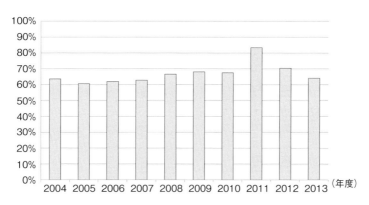

図表 1-12　3 メガ損保グループ

東京海上 HD
・東京海上日動火災保険
・日新火災海上保険
・イーデザイン損保保険　等

MS&AD インシュアランスグループ HD
・三井住友海上火災保険
・あいおいニッセイ同和損害保険
・三井ダイレクト損害保険　等

損保ジャパン日本興亜 HD
・損害保険ジャパン日本興亜　等
※傘下にそんぽ24損害保険、
　セゾン自動車火災保険、
　日立キャピタル損害保険

図表 1-13　損害率の推移

出所：日本損害保険協会

売チャネルも大きく変化したこと、などがあげられる。

　自動車事故件数や自然災害の増加などで上昇していた損害率（保険料に対して保険金などがどのくらい支払われたかを示す指標）は、近年の大きな経営課題だったが、直近では改善傾向にある（**図表 1-13** 参照）。

　保険種目別の保険金支払額は、自動車保険によるものが最も多い（**図表

図表 1-14　保険種目別保険金支払額（2013 年度）

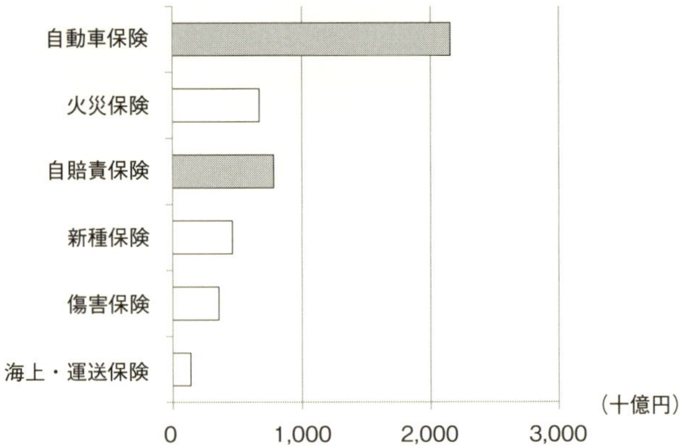

（棒グラフ：自動車保険、火災保険、自賠責保険、新種保険、傷害保険、海上・運送保険、単位：十億円）

出所：日本損害保険協会

1-14 参照）。損害保険の代理店として自動車保険を扱う場合、保険事故発生時の初動対応を行う機会も多く、販売力だけでなく事故対応力を高めておくことも、顧客確保のために重要であるといえる。

4　損害保険商品について

(1)　損害保険商品の種類

　損害保険商品には、個人向けの商品と企業向けの商品がある（**図表 1-15 参照**）。さらに、リスクに応じて保険商品が分かれている。また、各保険会社で補償内容が異なることもあるので、特に乗合代理店の担当者はすべての商品の内容を把握するのに一苦労であろう。

　しかし、これらに熟知し、顧客を取り巻くさまざまなリスクに最適な商品を提案できることが顧客数、顧客単価を高める要因であることは間違いない。

　保険種目別で最も大きなシェアを占めるのは自動車関連の保険であり、自動車保険と自賠責保険を合わせると、正味収入保険料全体の約 6 割を占める

図表 1-15　損害保険商品の種類

顧客	保険の目的など	保険商品
個人向け	自動車	自動車保険、自賠責保険　など
	住居、家財	火災保険、地震保険、積立型の保険　など
	人	傷害保険、医療保険、所得補償保険、がん保険、介護（費用）保険、年金払積立傷害保険、積立型（貯蓄型）の保険　など
	暮らし・レジャー	海外旅行保険、国内旅行傷害保険、ゴルファー保険、個人賠償責任保険、ペット保険　など
企業向け	自動車	自動車保険、自賠責保険　など
	建物、財物	火災保険、盗難保険、風水害保険、機械保険、動産総合保険、ガラス保険、コンピュータ総合保険　など
	売上利益	企業費用・利益総合保険、店舗休業保険、興行中止保険、生産物回収費用保険　など
	輸送	運送保険、船客傷害賠償責任保険、貨物海上保険、船舶保険、航空保険　など
	損害賠償	施設賠償責任保険、個人情報漏えい保険、PL保険（生産物賠償責任保険）、自動車管理者賠償責任保険、D&O保険（会社役員賠償責任保険）　など
	その他	労働災害総合保険、公共工事履行ボンド、建設工事保険、信用保険、組立保険、原子力保険、土木工事保険　など

（**図表 1-16** 参照）。

　次にシェアが多いのは火災保険で、その後、賠償責任保険などの新種保険、傷害保険、海上・運送保険の順となる。

　自動車保険、火災保険ともに自動車の保有台数や建物の新規着工数に連動するため大きく成長する見込みは少なく、競争は激しくなるだろう。

（2）　最近の損害保険商品の傾向

　保険自由化以降、「リスク細分型保険」が採用されるようになった。これは、契約者の細かな条件によって保険料を決めるもので、より契約者のニーズに合った商品提案スキルが求められる商品である。

　また、自動車保険、火災保険、傷害保険など、これまで各人、各企業に対して種目ごとにバラバラだった保険を1つにまとめて、全体像を一目で見渡

図表1-16　保険種目別正味収入保険料（2013年度）

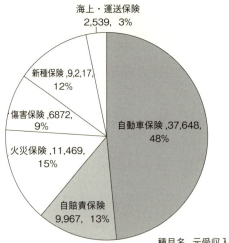

出所：日本損害保険協会

せる保険商品も登場している（**図表1-17**参照）。これにより、補償の重複を防ぎ、無駄な保険料支払いを減らすことができる。

　高齢化社会の進展に伴い、将来に対する不安の高まりから、医療保険や介護保険、老後の生活のための年金保険などのニーズも大きくなっている。各損害保険会社や代理店は、介護に関わる新商品の拡充や、契約者向けの介護関連の情報提供などにも力を入れ始めている。

　一方、企業を取り巻くリスクも多様化しており、それに伴って新しい損保商品も次々と開発されている。たとえば、地震災害向けのBCP保険、メガソーラー事業者向けの賠償責任保険、個人情報漏えいリスクに対応した保険などが発売されている。

図表 1-17　オールインワン型の保険商品

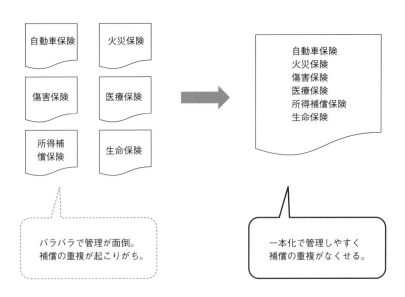

5　市場環境の変化

(1)　国内代理店網の再編と海外展開

　国内市場が伸び悩むなか、各保険会社は国内の代理店網の再編と海外展開を進めている。国内では自由化以降、販売チャネルが多様化しており、全体のパイが伸び悩む一方で、代理店間の競争はさらに激化している。

　1997年に始まった自動車保険の通信販売、2001年に解禁になった銀行窓販に続き、近年では、インターネット通販や来店型ショップなどが急速に普及し始め、販売チャネルが増加している。

　しかし、チャネル数が増加する一方で、損害保険代理店の数は年々減少しており、2000年度の数に比べると半数以下となっている（**図表 1-18** 参照）。

　これは、収益減少や後継者不足などによる損害保険代理店の廃業（M&A）や統合が進んでいるためである。

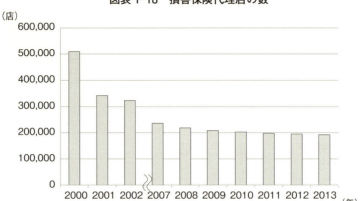

図表 1-18　損害保険代理店の数

出所：日本損害保険協会

図表 1-19　日本損害保険協会会員企業の海外進出状況（2014 年）

駐在員事務所を設置している会社	6 社
国・地域	46 カ国
都市	82 都市
駐在員事務所	188 拠点

出所：日本損害保険協会

　勝ち残っている専業代理店のなかには、損保顧客に対して生保商品をクロスセルするなど、保険のプロフェッショナルとして生損一体で顧客に提案することで販路を拡げているものも多い。今後も、各々の顧客にとって最適な保険商品を提案することで、顧客価値を高めることができる代理店が生き残っていくことになるだろう。

　一方、国内の大手保険会社は、アジアや BRICs といった成長著しい新興国市場を中心に、現地保険会社との提携や M&A などを通じて海外展開の拡大を図っている（**図表 1-19** 参照）。

(2) コンプライアンス管理の厳格化

　2006年、金融庁による損害保険会社に対する相次ぐ行政処分が新聞紙面を騒がせた。これらは保険金の不払い問題に端を発する。

　保険金の不払いは、いくつかの種類に分けることができる。告知義務違反などを理由にした「支払い拒否」、特約部分の請求がないため支払いを行っていなかった「支払い漏れ」が主なものである。

　いずれも、契約者側からすれば「支払われるはずの保険金が適正に支払われない」という、保険の根本的な機能を損なう事態が起こっていた。

　不払い問題の原因としては、自由化に伴って複雑化した保険商品における保険会社の支払い体制の整備不足に加えて、売上至上主義の募集形態も指摘された。

　従来、契約の獲得を重視するあまり、顧客に対する商品説明やリスク管理を十分に行わなかった結果、顧客が契約内容を理解しきれていないケースや、不実記載や告知義務違反を知りながら契約させてしまうケース、継続契約を代理店側で代行してしまうケースがあった。

　このような事態を受け、各損害保険会社でも「出口」部分の保険金支払体制の整備だけでなく、「入口」部分の保険販売においても、コンプライアンス管理を厳格化した。代理店の手数料体系においても、収入保険料だけでなくコンプライアンス管理も重視されるようになった。

図表1-20　2005年～2007年の行政処分

年月	対象	行政処分
2005年11月25日	損害保険会社26社	業務改善命令
2006年5月25日	大手損害保険会社	業務停止命令
2006年6月21日	大手損害保険会社	業務停止命令
2007年3月14日	損害保険会社10社	業務停止命令

出所：金融庁HP

今後の代理店経営においては、コンプライアンス管理体制の構築が必要不可欠である。もちろん、これは売上向上と相反するものではない。適正な業務を行うことにより、顧客からの信頼を勝ち取る成長機会ととらえるべきである。

(3) これからの保険募集
　2012年6月に有識者の参加による金融審議会「保険商品・サービスの提供などの在り方に関するワーキング・グループ」が発足した。これは、多様化する保険商品・サービス、販売形態に対応した、今後の保険の募集・販売などに関するルールを整備するための検討会である。

　ワーキング・グループでは1年以上にわたり、保険会社の業務範囲の在り方や保険募集・販売の在り方などについて、幅広い検討が行われた。2014年には、このワーキング・グループの検討結果をふまえた「保険会社向けの総合的な監督指針」の一部改正案が公表された。

　業務範囲の拡大・明確化や契約手続の簡素化などが順次公表されたなかで、代理店業務に関連の深いものとして、「保険代理店の使用人要件の明確化」と「再委託禁止の厳格化」がある。

　これらによって、委任型募集人は2015年度までに「雇用・派遣・出向などの勤務形態となる」「個人代理店となる」「法人代理店を新設して役員・使用人となる」のいずれかを選択することとなった。適正な保険業務の管理体制を強化する改正である。

　今後も、損害保険の募集人には、中立的な立場で顧客に最適な保険を提供できる役割がますます求められていくだろう。

　厳しい競争環境のなか、損害保険代理店として成長を続けるためには、顧客接点である募集人が、多様化する商品に関する知識、顧客に合った保険商品の提案スキル、徹底したコンプライアンス意識などを保有する必要がある。

　そのために、組織・人事体制の見直しや、ITの活用強化などの経営革新に継続的に取り組むことが求められる。

図表 1-21　ワーキング・グループにおける論点と検討事項

論点	環境変化	ワーキング・グループ検討事項
商品・サービス	少子高齢化をはじめとする社会情勢の変化に伴う保険商品や保険会社によるサービスに対する国民のニーズ・期待の変化	▶ 新しい保険商品の販売 ・不妊治療保険など ▶ 保険会社の業務範囲の拡大 ・子会社による保育所運営の解禁など ▶ 共同行為制度の活用促進
募集・販売	来店型ショップやインターネット等の募集チャネル多様化や保険代理店大型化	▶ 保険募集の基本的ルール創設 ・意向把握義務の導入 ・情報提供義務の法定化 ・募集文書の簡素化 ▶ 保険募集人の義務 ・保険募集人の体制整備 ・乗合代理店に係る規制の見直し ・保険募集人の業務委託先管理責任 ▶ 募集規制の適用範囲 ・募集規制適用範囲を再整理、明確化 ▶ 保険仲立人に係る規制の見直し ・契約手続きの簡素化、供託金の最低金額の引下げ等

出所：金融庁 HP

生き残りにかける損保代理店ビジネス

本章ではまず、損保代理店の業務や種類、業界全体の規模を説明する。

続いて、損保代理店を取り巻くこれまでの業界環境の変化と損保代理店への影響、さらに、損保代理店にどのような変革が迫られているのかを述べていく。

1 損保代理店とは

(1) 損保代理店の業務

　損保代理店は全国で約20万店あり、損害保険会社との間で交わされた「損害保険代理店委託契約」にもとづき、損害保険会社に代わって保険を募集することを業務としている。

　この委託契約において、損保代理店は損害保険会社の代理人として、保険契約を締結する権限が与えられており、契約者は代理店に対して「申込書」により申込みを行い、代理店が承諾すれば、損害保険会社との間で保険契約が有効に成立する仕組みとなっている。

　具体的には、保険募集に際する「保険の相談」「保険対象の確認」「保険契約の締結」に加え、「事故の受付や保険会社への通知」「保険契約の変更・解除等の受付」「保険料の領収または返還」「保険料領収証の発行および交付」などの業務を行っている。

　保険募集はこのほか「直扱（ちょくあつかい）」や「保険仲立人（ほけんなかだちにん）」による募集がある。

　「直扱」は、損害保険会社の役職員が直接保険を募集する形態であり、新聞、テレビ等の広告やインターネットを活用して、損害保険会社が直接保険募集を行う通信販売なども直扱に含まれる。

　「保険仲立人」による募集は、損害保険会社からの委託を受けることなく、保険契約者と損害保険会社の間に立って、中立的な立場で保険契約の締結の媒介を行う、いわゆる保険ブローカーによる募集である。

　2014年の元受正味保険料（保険契約者との直接の保険契約にかかる収入）は全体で9兆3,309億円であるが、募集形態別の内訳を見てみると、損保代理店による募集はそのうち8兆5,314億円、全体の91.4%となっており、損害保険募集の大半を占めている。

　損保代理店の募集業務としては、保険商品の勧誘、保険対象物の確認、保

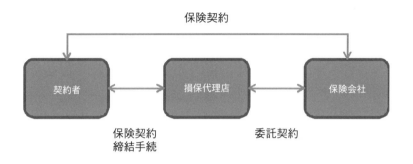

図表 2-1　代理契約の概念図

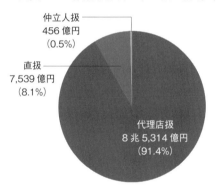

図表 2-2　募集形態別の取り扱い構成（2014 年）

出所：数値は日本損害保険協会 HP より引用

険料説明、契約手続、保険料領収、領収証発行などの手続がある。契約後は、変更・解約手続、事故受付、保険金請求手続などのアドバイスを行っている。

なお、損害保険商品のうちの多くは、1 年単位で契約が更新されるものであり、既存契約維持のための更新業務の比重は高いものとなっている。

(2) 代理店の種類
① 専業代理店と兼業代理店とは

損保代理店には、保険商品の販売を専門に行う「専業代理店」と、他の主な事業を持ち保険商品の販売は副業的に行う「兼業代理店」とがある。

兼業代理店を営む業種としては、自動車販売店や自動車整備工場、不動産業、旅行業などがあり、損害保険のニーズが発生する幅広い分野の業界へ代理店業務を委託している。

代理店募集において専業代理店の占める割合は従事者数で全体の6％、店数で19％にとどまっているが、取扱保険料では全体の39％もの割合を占めている。

② 専属代理店と乗合代理店とは

損害保険会社1社と業務委託契約を締結し、1社の保険商品のみを販売している「専属代理店」と、複数の損害保険会社の保険商品を販売している「乗合代理店」の分類もある。

2014年の専属代理店と乗合代理店の構成を見てみると、乗合代理店の店数は全体の24％となっているが、従事者数では全体の69％、取扱保険料では全体の64％にものぼる割合を占めている。乗合代理店のほうが、専属代理店より大型化した店が多いことを表している。

2005年時点の乗合代理店における取扱保険料の全体に占める割合は57％であり、2014年との比較では7％ほど少なかった。近年、乗合代理店の取扱比率は増加傾向にあるといえる。

③ 専属代理店と乗合代理店の選択について

専属代理店を選択すると、取り扱いできる商品は特定損害保険会社のもののみとなるが、乗合代理店を選択した場合に比べて、損害保険会社からの手数料率は高くなる。また、損害保険会社からの各種支援が乗合代理店に比べ受けやすく、商品知識、業務ルールや代理店向けシステムに関する習得も1社に集中して行うこととなり、乗合代理店と比較すると業務負荷は低くなる。

一方、乗合代理店を選択した場合、顧客のニーズに応じて複数の損害保険

図表 2-3　専業代理店と兼業代理店（2014 年）

専業代理店	兼業代理店
・事業は保険販売のみ	・保険販売は副業
・従事者：約 13 万人（全体の 6％）	・従事者：約 194 万人（全体の 94％）
・取扱保険料：約 2 兆 5 千億円（全体の 39％）	・取扱保険料：約 3 兆 8 千億円（全体の 61％）

取扱保険料は火災保険・自動車保険・損害保険の合計

出所：数値は日本損害保険協会 HP より引用

図表 2-4　専属代理店と乗合代理店（2014 年）

専属代理店	乗合代理店
・1 社の商品のみ取り扱う	・複数社の商品を取り扱う
・従事者：約 64 万人（全体の 31％）	・従事者：約 142 万人（全体の 69％）
・代理店数：約 16 万店（全体の 76％）	・代理店数：約 5 万店（全体の 24％）

出所：数値は日本損害保険協会 HP より引用

会社の多様な商品群から選択して提案することができ、結果として顧客へより高い付加価値を提供することが可能となる。反面、複数の保険会社と適切に取引を行い、契約者に幅広い商品の説明責任を果たすためには、それを担える要員を確保し相応の体制を整備することが必要である。

このように、企業経営の観点から見た場合、企業規模や成熟度合に応じ、特定損害保険会社からの支援を生かす専属代理店を選択するか、特定損害保険会社に依存せず、自社の経営力により取扱商品の選択肢を確保する乗合代理店を選択するかを決定することとなる。

図表 2-5　専属代理店と乗合代理店比較

専属代理店
- 同一規模や水準の乗合代理店に比べ手数料率が高い
- 損保会社からの支援が受けやすい
- 商品知識や業務ルール習得の負荷が比較的低い

乗合代理店
- 顧客ニーズに沿った商品提案により、付加価値が提供できる

(3)　代理店の収益について

　損保代理店の収益は、損害保険会社が支払う契約締結に対する手数料である。保険種目によっても異なるが、この手数料率は、損害保険会社に代わって締結した保険契約の保険料（収入保険料）のうち、おおむね 15 〜 20% 程度とされている。

　ただし、この手数料率は、各損保代理店で取り扱う収入保険料規模に加え、後述する査定項目によって決定され、損保代理店によって大きく異なる。

2　損保代理店を取り巻く経営環境の変化

(1)　自由化以前の規制下における損保代理店

　保険代理店のおもな資源は人であり、以前は比較的小資本での開業が可能であった。また、損害保険各社はこれまで「代理店研修生」として社員を雇い、一定期間自社で新規開拓にあたらせ顧客基盤を獲得したのち、代理店として独立させる制度などもあり、小規模な専業代理店が多数存在した。

　2000 年に「損害保険料率算定会」が廃止されるまで、この算定会にて制定された保険料率をもとに、各社で保険種目別の保険料が横並びで維持されていた。代理店に関しても 2001 年の「損害保険代理店制度の自由化」までは代理店手数料の制度・手数料率、委託契約の内容などについて、損害保険

図表 2-6　旧規制環境下での代理店乱立の構造

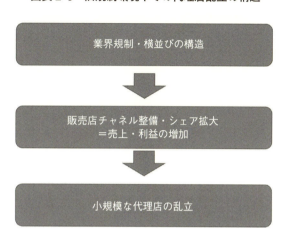

会社各社間での差は存在しなかった。

　さらに、損害保険会社が代理店に支払う手数料や管理コストも「損害保険料率算定会」の定める料率として一律に算入されていることから、損害保険会社にとって、代理店維持のためのコストを削減するインセンティブはほぼなかったといえる。

　このような環境下では、「代理店網による販売チャネルの拡大」と、それに伴う「シェア拡大」は即売上増加、利益の増加に直結する構造であったといえる。販売チャネルの量的拡大こそが損害保険会社各社の主要な営業方針となり、結果として多くの小規模な代理店が乱立することへとつながった。

　保険の種目にも大きな差はなく、代理店間の経営上の競争力の格差も生じにくい構造であったことから、人的なつながりを中心とした顧客そのものこそが多くの代理店の主要な経営基盤であった。

(2)　規制緩和とその後の損保代理店の環境変化

　このように損害保険業界と損保代理店は長年規制によって保護され、横並

図表 2-7　損害保険業界における自由化の流れ

1996年	・新保険業法の施行 ・子会社方式による生損保相互参入 ・保険仲立人（保険ブローカー）制度導入
1997年	・リスク細分型自動車保険の認可
1998年	・損害保険料率算出団体に関する法律の改正・施行 ・算定料率使用義務の廃止（経過措置2年間）
1999年	・子会社方式による銀行・信託・証券業務への参入 ・積立自動車保険販売
2000年	・銀行、保険会社間の子会社方式による相互参入解禁
2001年	・第三分野参入規制の撤廃 ・銀行等による保険販売の開始 ・損害保険代理店制度の自由化 ・確定拠出年金積立傷害保険発売 ・ガン保険、医療保険発売
2002年 2005年	・銀行等による保険販売の対象種目の拡大
2007年	・銀行等による保険販売の全面解禁

びの体制が長期にわたり続いてきた。しかし、1990年代後半から始まった規制の緩和以降、横並び状態は徐々に崩れ、その経営環境は今日までの間に大きく変化した。規制の緩和をはじめ、それらが引き起こした一連の環境変化にはおもに以下のようなものがある。

① 各種規制の緩和と競争激化

1996年から始まったいわゆる「金融ビッグバン」により、損害保険業界においても各種規制の緩和や制度が大幅に変更された。おもな変更点は、「保険料率算定の自由化」「募集制度の多様化・自由化」「業態間相互参入」「新たな保険商品の認可」「契約者保護制度創出」などであった。これらの結果、保険料や保険商品の差が生じるとともに、生損保の垣根を越えた業界の再編、外資の参入などにより新たな競争がもたらされた。

規制緩和のなかで、さらに少子高齢化、若者の自動車離れなども進展し、国内の旧来型の自動車保険を中心とした損害保険分野では市場が縮小するこ

ととなり、競争は激しさを増している。

② 代理店手数料政策の変化と収益性拡大

1980年に定められた「ノンマリン代理店制度」と呼ばれる損害保険代理店制度の下では、自動車、火災、傷害等の家計分野の商品・保険料は共通であった。代理店に対する手数料率についても、代理店の挙績（収入保険料の規模）などによって定まる「代理店種別」が同一であれば、どの損害保険会社であっても同一水準であった。

しかし、2001年に「ノンマリン代理店制度」が廃止され、代理店制度は各社ごとに定めることが可能となり、代理店に支払われる手数料率にも差が生じることとなった。

具体的には、自由化以降、損害保険各社は自社が定めるさまざまな査定項目ごとに代理店を評価してポイントを付け、査定項目全体の合計ポイント数に応じて手数料率を決定するようになっている。

この査定項目は「保有契約の維持率」に加え「増収率」や「損害率」「業務品質」などがあり、これらの項目の評価によって、代理店の収益性は大幅

図表2-8　代理店ポイント制度と収益性

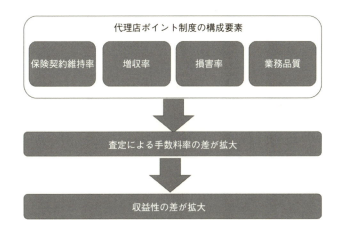

な影響を受けるようになった。

また、近年はポイントによる手数料率の差を一層拡大させる傾向にある。損害保険会社が求める施策についていける優良代理店と、そうでない代理店の収益性の差が大きくなっている。

③ 損害保険会社の収益性低下と損保代理店への影響

保険の募集や維持管理のために使用した費用は「事業費」と呼ばれる。顧客より支払われた保険料に対する「事業費」の割合は「事業費率」として表され、損保業界における重要な経営管理指標の1つである。「事業費率」は1995年では40%程度あったが、近年30%台半ばで推移している。

このように「事業費率」は大幅に低下しているにもかかわらず、近年の自然災害の増加や自動車・火災保険の「損害率」が大幅に上昇しており、保険会社の収益は以前より悪化している。「損害率」と保険獲得、維持のために必要となる「事業費率」を合算すると、100%を超える状態が2008年度以降2012年度まで続いていた。この状態は、保険金の支払いと事業費を合算した支出額が保険料の収入を上回っていることを意味しており、損害保険各

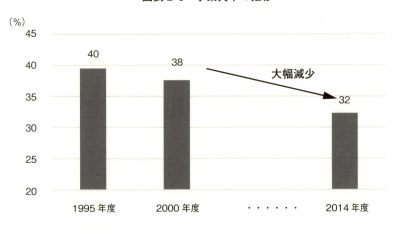

図表 2-9　事業費率の推移

出所：数値は日本損害保険協会HP

社は本来業務において実質的な赤字に転落していることを表している。

　2013年度には改善の兆しが若干見られるものの、こうした状況下での黒字確保のために、損保各社は「事業費率」をさらに圧縮する必要に迫られてきている。

　事業費は、おもに損保各社の管理費と代理店手数料から構成される。おおむね15～20％程度で推移してきた代理店手数料率は、今後も一層減少していくものと考えられる。

　④　多様化する販売チャネル

　代理店制度の自由化以前においては、損害保険は比較的小規模、生業的な損保代理店による募集が主であった。しかしながら自由化後は、外資の参入などによる電話やインターネットなどを利用した比較的低価格なダイレクト販売が進展している。さらには銀行窓販の解禁、郵便局や生命保険会社での取り扱い、複数代理店の合併や損害保険会社出資による比較的大型で組織化された代理店なども登場し、販売チャネルは多様化している。

　また、近年、来店型の店舗を多数展開し、比較的大型で相乗型の代理店を経営するという新たなビジネスモデルも登場してきており、販売形態は大きな変化を見せている。

　⑤　強化されるコンプライアンス管理

　規制の緩和により損保代理店が取り扱う保険商品は多様となり、募集などに関する業務は以前に比べ複雑化し、より適正な業務の遂行が求められている。また、商品やチャネルに関する規制が緩和される一方、規制の緩和により生じる問題を抑制するため、「消費者契約法」「金融商品の販売等に関する法律」「個人情報保護法」「金融商品取引法」「保険契約法」などの各種法制が施行された。さらに、消費者の意識変化などの要因も加わり、コンプライアンス面の管理を徹底するよう、損害保険会社は損保代理店に近年より強く求めている。

　⑥　再構築される保険募集の規制

　規制緩和後の保険募集のあり方を再考すべく、金融庁長官の諮問機関であ

る金融審議会では、2012年6月より「保険商品・サービスの提供等の在り方に関するワーキング・グループ」（座長　洲崎博史・京都大学大学院法学研究科教授）を設置した。保険商品・サービスの提供等のあり方について検討および審議を行い、報告をまとめている。この報告では、「多様な保険の中から安心して選択できる商品募集環境の構築」とともに、「利用者目線に立って必要な情報が提供できる仕組みつくり」を実現するため、代理店に対して今後新たな規制を設けることを求めた。この内容を受けて改正保険業法が成立し、2016年5月29日より施行された。

新たな規制の内容としては、まず保険商品を提案する前に具体的な顧客ニーズを把握し、その意向に沿った商品を提案、説明することを義務づける「意向把握義務」を課すこととなった。また、顧客が保険加入の判断を行う際に参考となるべき商品情報や、その他の情報の提供を行うことを義務づける「情報提供義務」も導入された。

さらに、これらの義務を順守するための「体制整備義務」も課されることになり、保険募集に関する規制が大きく改正された。

これらに加えて新たな規制を確実に運用するため、これまで委任型の募集人として広く行われてきた「保険募集の再委託」も明確に禁止され、これらの義務を果たせる「自社の使用人」による募集が徹底されることとなった。

図表2-10　代理店をめぐる新たな規制

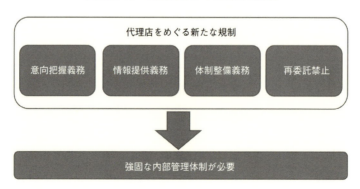

今後、代理店をめぐる規制の枠組みが大きく変わるなかで、一段と強固な内部管理の確立が求められる。

(3) 水準の向上と効率化を求められる損保代理店

新たな規制の対応を含めたコンプライアンス面の管理の重要性が高まるなか、損保代理店は一層強固な内部管理体制の整備を求められている。

図表 2-11 代理店の経営環境変化と再編の関係

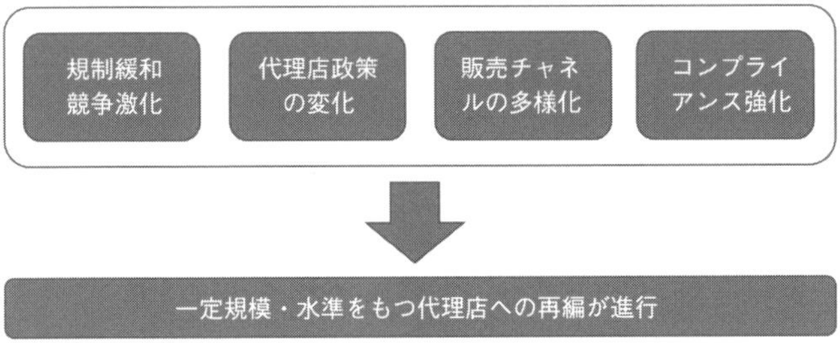

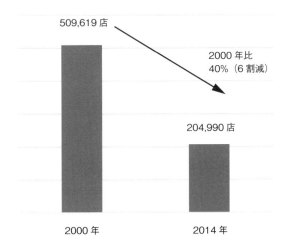

図表 2-12 代理店実在数の推移

出所：数値は日本損害保険協会 HP より

損害保険各社は、自立し、しっかりとした内部管理体制を持ちつつ、一定規模と水準を持ち、効率的な事業運営が可能な代理店を選択して集中化させる方針をとっており、代理店の手数料体系や支援施策に反映している。
　変化に対応できない代理店は、結果的に事業が維持できなくなり、変化に対応できる代理店に吸収されるなどの統合が進む。1代理店当たりの平均売上高が増加する一方、代理店数は大幅に減少している。
　既存の代理店は、こうした環境変化にどのように対応し、活路を切り拓いていくのか考え抜く必要がある。事業経営者としてのビジョンのもとで、考え、決断し、できることから実行することが求められている。

3　変化を生かす損保代理店

(1)　M&A による大型化
①　他社の危機が自社成長の機会へ
　損害保険会社から損保代理店に支払われる手数料は、収入保険料規模の大きさに加え、増収率や事務処理の正確さなど、各種項目の査定によって料率が以前に比べて大幅に異なるようになっている。損害保険会社が損保代理店に求める要求水準が旧来よりも大幅に高まるなかで、個人や小規模な損保代理店で一定の水準に達することができない事業者は、手数料率が大幅に低下し事業を継続することが困難になっている。
　こうした状況下で、個人や小規模な代理店が、比較的大規模な代理店に営業基盤を譲渡するケースが多くなっている。顧客基盤の譲渡を受けた損保代理店は、地域での顧客基盤を広げ、損保会社への影響力を高めていくとともに、これらの基盤を生かすことで増収を達成している。
　保険募集の再委託禁止の厳格化などの規制が新たに設けられ、変化に対応できない代理店を経営水準の高い代理店が吸収する流れは、今後も続くものと推測される。

図表 2-13　M&A の進展

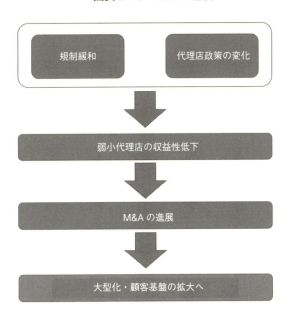

② 組織的な水準維持、向上の仕組みの必要性

　吸収・合併後、継続的な増収が達成できなかったり、取り込んだ募集人の業務水準が低かったりすると、自社全体の水準の低下を招き、結果として損害保険会社の査定による自社全体のポイント低下、ひいては手数料率低下につながる恐れがある。

　このような水準低下が生じることのないよう、統合後、業務の効率化推進、営業力の維持や向上のための取組みを積極的に実施することが重要である。

(2) 来店型保険ショップの登場

① 商品の多様化が生んだ新たなビジネスモデル

　これまで、日本の損保代理店は、1 社の損害保険会社の商品のみを取り扱う「専属代理店」が大半を占めていた。しかしながら、保険商品が多様化し、

かつ各社の商品にも差が生じているなかで、特定の保険会社に依存することなく、積極的に多数の保険会社の乗合型代理店となることを選択する代理店も多くなってきている。

このような代理店では、各社の多様な商品を用意し、顧客ニーズに沿った提案を行うことで付加価値を見出し、拡大を図るという新たなビジネスモデルを実践している。

② 顧客ニーズに新たな形で対応

このモデルをとる損保代理店では、個人の家族構成、年齢、性別、職業などの情報をもとに、ライフスタイルに沿って損保、生保問わず、さまざまな商品のなかから、中立的な立場で顧客に最適なものをアドバイスする「コンサルティング型」のセールスを展開している。

近年、所得の減少に伴い、家計分野では過剰な保険を改めて、必要な領域や補償額のみに限定するという、保険契約の見直しが盛んになっている。

このような潮流のなか、消費者が気軽にコンタクトをとりやすくするために、街中に目立つ店舗を複数設け、見直しの提案をその場で行い、他社から自社への顧客とする損保代理店も多くなっている。

また、多店舗化により業績を毎年大幅に伸ばしている代理店もある。そういった代理店では、一定規模の販売力を有することで、保険会社に対し対等な立場で取引を行っている点も特徴である。

(3) 地域密着型代理店の役割

一方で、いざという時の保険という本質に立ち返ると、地域に根差し、顧客1人ひとりと対面して営業活動を行い、顧客をよく知る地域密着型の代理店の存在価値も大きいといえる。

東日本大震災などでも多くの代理店が親身になった対応を行い、改めて地域密着の代理店の価値、そこから提供される保険の価値が見直された。地域密着型のよさを生かしながら、これらの環境変化に対応した転換を行うことが肝要といえる。

4 変革の方向性

(1) 営業担当者から経営者への意識変革

これまで、多くの損保代理店では個人事業主として、またはそれぞれの顧客を持つ営業担当者が対等の立場で集まり、少人数で事業を行ってきた。このような形は「個人としての営業スキル」に依存し、個々人の能力によって事業が営まれてきたといえる。

しかしながら、近年の損害保険会社の代理店政策は、多様な環境変化に対応し、効率的な組織運営を実現するため、法人化され、組織化、大規模化した代理店に有利なものに移行している。

このような環境下での代理店経営は、これまでの生業的で比較的小規模な事業運営から、一定の水準・規模を有する組織化された企業としての事業運営へ移行することが求められている。

代理店経営者もこれまでの「有能な営業担当者」から、組織をつくり、全体を指揮し、人を育てる「有能な経営者」へと変わることが必要である。

(2) 組織の構築と要員育成

従来の損保代理店における典型的な営業担当者は、自分の力で顧客を見つけ、関係を構築し、保険商品を提案し、契約を締結し、事務処理を行うなど、一連の業務をすべて独力で行ってきた。その後の更新や事故対応などの顧客との関係も、すべて個々の営業担当者で行い、自らの顧客情報はその営業担当者のみに帰属、完結するスタイルであった。

こうした営業スタイルをとる損保代理店では、顧客情報を共有することはない。代理店側の営業担当者への支援機能としては、事務処理の一部代行や、損害保険会社からの商品情報やコンプライアンス面の情報などを提供するにとどまり、各人の組織的な育成や支援、業務分担の仕組みはないケースが多かった。

図表 2-14 代理店の経営形態の変化

　近年、損害保険会社の政策転換により、代理店の法人化、組織化、大型化が求められている。分業体制をとるなどの大型化に対応した仕組みを持つ代理店も多くなってきた。

　代理店を法人化し、経営をするということは、組織をつくり、機能ごとに仕事を分けることである。個人に属していた営業情報を組織のものとし、組織として営業活動を行うことが可能な状態とするとともに、それができる要員を「育成する仕組み」を整備することである。そして、それらが有効に機能するよう、適切な管理や改善の施策を継続的に実施する必要がある。

(3) 計画的な経営革新の実践

　経営環境の変化に適合し、上記のようなことを含めた変革を推進していくためには、まずは自社の置かれている環境、そして自社の状況を正しく分析し認識する必要がある。この認識をもとに、自社の不足する点、克服すべき点、伸ばすべき点を把握し、具体的な目標を掲げ、計画を立てて実践することが求められる。

　これらの具体的な経営計画の立て方については、第3章にて解説する。

(4) 変革に向けた具体的取組み

　前述の組織運営のあり方、会社運営のあり方の見直しなどに加え、変化に

対応するための営業的な側面も含めて考えると、多くの代理店において、共通して取り組むべき施策は以下のようなものがあると考えられる。

① **既存ビジネスにおける顧客の維持・拡大**
ダイレクト販売、来店型保険ショップなど、新たなチャネルに対抗するためには、これまでのプロ代理店のよさであるホスピタリティあふれる地域密着型の営業を一層推進していく。また、リスクコンサルティングなどの新たな手法も取り入れ、顧客基盤を維持し、拡大していく取組みも重要である。

② **新たな領域に対する営業力強化**
既存の損害保険マーケットが縮小し、また手数料率の減少が見込まれるなかで、これまでの市場とは違う新たな市場を開拓し、売上を伸ばしていく必要がある。多くの損保代理店においては、提案型法人営業などを推進することが考えられる。

③ **組織・人材マネジメント力の強化**
今後の損保代理店は大型化、分業化の流れが一層進展していくと考えられる。会社として組織をつくり、機能させ、適切な内部管理を実施する必要がある。さらに、優秀な人材を育成する仕組みをつくり、組織を活性化させる仕組みを整備することは、企業の成長にとって大変重要である。

④ **ITの活用**
今後、より効率的な営業活動を実践していくためには、ITの力をフル活用していく必要がある。また、ITを駆使することは新たな顧客接点を持つことにもなる。地域密着型の営業を進めるうえでもITは強力なツールとなり、IT活用力が今後の代理店の競争力を左右する。

第3章以降では、これらの具体的な取組み内容を解説するとともに、各取組みで具体的な成果をあげている企業を紹介する。

勝ち残る秘訣はキッチリとした経営計画

年々厳しくなる経営環境のなか、損害保険専業代理店が勝ち残るためには経営計画にもとづく経営が必須である。
本章では、基本に立ち返り、経営理念・ビジョンの作成（再定義）、経営戦略策定、経営計画の作成や実行の方法について述べるとともに、成功事例について紹介する。

1　経営計画作成の意義

(1)　厳しくなる経営環境
　インターネット通販・来店型代理店・銀行窓販などの市場参入とこれらの業容拡大や、M&Aなどによる代理店の大型化などにより、保険市場は変化している。また、販売委託元である損害保険会社からは、手数料ポイント化制度を通し業務適正化・効率化を一層求められている。
　さらに自動車保険など提供される保険商品の保険料の相次ぐ値上げや、金融庁の監督指針で適切な募集体制が求められるなど、損害保険代理店を取り巻く経営環境は、年々厳しくなっている。

(2)　高まるビジネス環境
　経済・社会のグローバル化、少子高齢化など、日本社会を取り巻く環境の変化は激しく、多様なリスクが顕在化している。また、現在も400万社以上の中小企業が存在し、農林水産業の6次産業化がさけばれるなど、非常に大きなマーケットが存在している。
　2011年3月11日には東日本大震災が発生したが、地震保険や自動車保険の適切な損害査定や迅速な保険金支払いの支援、その後の防災やリスクマネジメントのアドバイスなどの優れた顧客対応により、損害保険代理店業者への信頼が高まり、社会的に役割が再評価されることとなった。
　このようななか、損壊保険代理店のビジネスチャンスは広がり、異業種、異業態の参入が続いている。

(3)　求められる代理店像
　こうした市場環境のなかで、損害保険代理店業者に求められているのは、市場や顧客、保険販売委託元である損害保険会社に依存せず、また、振り回されず、保険募集を適切に行う代理店経営である。そのために、明確な価値

図表 3-1　市場の変化

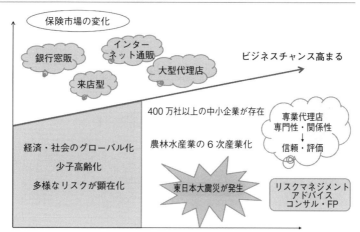

観＝（揺るがない軸）、経営ビジョンを持ち、キッチリとした経営計画を立て、危機や変化に適応していく経営が求められている。

　これまで、損害保険代理店業者の多くは、保険会社が用意した（販売委託された）商品を、保険会社が考えた目標（成績）にもとづき、保険会社から示されたセールストークなどの販売方法で、馴染みの顧客に対して営業活動し、手数料を稼ぐビジネスだった。

　しかし、これからは、代理店自らが、市場と顧客を主体的に考えて経営することが、将来に向かって成長する条件である。

（4）　損害保険専業代理店のポジショニング

　他の業態と損害保険代理店を「価格」と「顧客要求」の側面から比較し、ポジショニングを行うと**図表 3-2** のようになる。
- 専業代理店が扱う自動車保険などの商品に、価格競争力はない。

図表 3-2　専業代理店のポジショニング

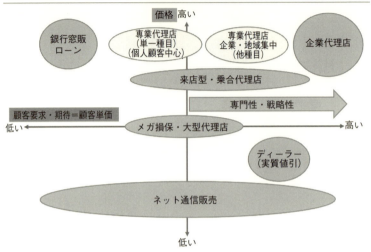

- 顧客は、価格（保険料）は高いが専門性の高さを評価して（信頼して）、専業代理店と取引（契約）することを認識する必要がある。
- 専業代理店は、保険商品知識だけではなく、専門知識、事故対応力、リスクマネジメント、ファイナンシャルプランニング、リスクソリューションなど、高い専門性が求められている。
- 来店型ショップは乗合代理店なので、お客さま（契約者）は、補償や保険料を比較でき、専門家（FPなど）の説明に客観性があり納得できるので、わざわざ足を運んで、ネット通信販売よりも高い保険料を支払って契約している。

　こうした環境変化を見据えて、経営する損害保険代理店業の存在意義＝経営理念（ミッション）を再定義し、3〜5年後の「ありたい姿」＝経営ビジョンを策定することが必要である。そのうえで、市場と顧客、そして保険会社とのパートナーシップを見直し、マーケティングの視点を持って経営戦略を立案していくことが求められる。

第3章 ● 勝ち残る秘訣はキッチリとした経営計画

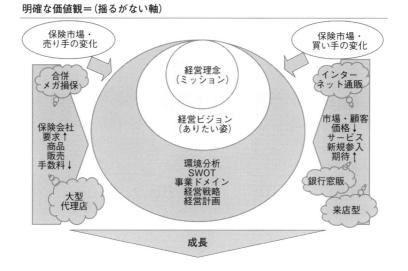

図表 3-3　明確な価値観（軸）

そしてこれらにもとづく、年度ごとの具体的な経営計画を策定し、計画にもとづく経営を行うことが必要である。また、計画にもとづく経営には常に財務的な視点を持つことが重要である。

2　経営計画の作成プロセス

(1)　損保代理店における経営計画の進め方

毎年、経営計画を作成し、経営計画にもとづいて経営を行うことは、代理店経営の基本である。

経営計画は、社長自らが、経営理念・経営ビジョンにもとづき、社員とコミュニケーションを取りながら作成することが望ましい。

作成時期は、次年度の経営計画（案）は、年度末までに作成する。3月決算であれば、2月〜3月には作成するのである。また、新年度以降、年度末の営業成績（業績）が確定した後、数値などの修正を行う。3月決算であれば、

図表 3-4　経営計画作成プロセス

4月に修正する。

　この作成した経営計画（PLAN）にもとづき、行動（DO）し、チェック（Check）し、適宜修正（Action）を繰り返すのである。このPDCAサイクルを回すことで営業成績と経営計画とを合わせていく。

　作成プロセスは、**図表3-4**のとおりである。①経営理念すなわちミッションを再定義し、②3～5年後の自社の「ありたい姿」である経営ビジョンを策定し、③自社の現状認識を行うべく、環境分析、SWOT分析、事業ドメインの策定、経営戦略の策定を行い、④毎年の経営計画として策定し、⑤具体的なアクションプランを作成する。

(2)　経営理念（ミッション）の作成（再定義）

　経営理念は、企業の存在目的・理想・価値観であり、企業の社会における役割などを示したものである。経営者、従業員、委託型使用人が、どのように行動すればよいか、また、判断に迷ったときの基準・規範となる。

　損保代理店の場合、「お客さま第一」「お客さまの安心・安全を守る」「地域一番店」「Only One」などの経営理念を定めた保険代理店が多く見られる。

図表 3-5　企業活動における保険の寄与

```
＜東日本大震災でいち早く復興・普及できている企業の特徴＞
  ほとんどが以下に該当する
1．換金性の高い資産を多く持っていた。
2．地震保険を掛けていた。　←
3．収益性の高い事業を営んでいた。
```

出所：東京都中小企業診断士協会BCP研修、2012年3月18日

　保険は、個人生活の安定・向上、企業の経済活動の安定・発展に欠かせないものである。損害保険代理店は、リスクが顕在化し損害が発生する前に、社会に存在するさまざまなリスクに対して、保険の専門家として、お客さま（個人・企業など）に必要な提案・アドバイスを行い、保険商品を提供する。

　保険商品の提供・アドバイスを通じて、お客さまに安心・安全を届け、個人への生活支援、企業への事業支援を行うことが、保険代理店の大きな使命である。リスクが顕在化し実際に生じた損害に対して、保険金を給付することで、個人の生活や企業活動の安定・継続に寄与している。

　以上の損保代理店業の基本をふまえ、社長の思いを明確な経営理念（ミッション）として定め、顧客、従業員、保険会社などのステークホルダー（関係者）に伝えることが重要である。この経営理念に沿って、経営ビジョン（ありたい姿）、経営戦略、経営計画を作成し、社内外で共有し実行していく。

(3)　経営ビジョン（3年後、5年後の「ありたい姿」）の策定

　経営ビジョンでは、経営理念をもとに3年～5年後の自社の「ありたい姿」を明確に示すこととなる。**図表3-6、3-7**では、専業代理店の経営理念、経営ビジョンの作成例を示す。「経営理念」「経営ビジョン」は自社で、自分たちなりに作成することが重要である。具体的な目標については、財務的視点を盛り込み、売上・利益・顧客層などの数値目標を定める。

図表3-6 経営理念、経営ビジョン

経営理念、経営ビジョン

```
経営理念
・お客さまに、安心と安全をお届けする。
・お客さまの夢と笑顔と幸せづくりをサポートする。
```

```
経営ビジョン
・日本一の専業代理店
①収益性（利益率）
②生産性（1人当たり付加価値額）
③成長性
④ES（従業員に優しく）
⑤CS（お客さまに尽くす）
```

```
経営目標
<3年後>
・収入保険料　損保3億円、生保1,500万円
・手数料　4,500万円／年
・経常利益　300万円
```

```
経営計画の視点
<利益＝売上－費用>
<売上＝顧客数×顧客単価>

＊売上増のためには、
①新規顧客の獲得
②既存顧客の流出防止
③購買頻度（多種目）を高める
④単価アップ
```

図表3-7 経営ビジョンの策定

経営ビジョンの策定

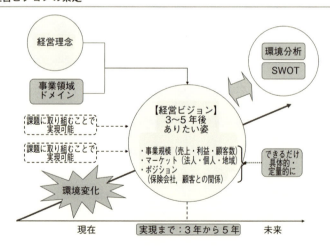

(4) 自社の現状認識～戦略策定

経営理念・経営ビジョンをふまえつつ、具体的な経営戦略、経営計画を策定するためには、常に経営環境の変化とその中での自社の現状を適切に認識する必要がある。時にはこれらの認識に基づき、経営理念の再定義や経営ビジョンの見直しを行うこともある。

常に自社の外部環境と内部環境の変化を分析し、**図表3-9**のようなSWOT表などにまとめ、これをふまえた経営戦略、経営計画を策定していくことが、適切な計画策定のため不可欠なステップとなる。

損害保険（専業代理店）を取り巻くマクロ環境（大きな視点）は、前章のとおりである。それをふまえ、自社を取り巻く外部環境を機会と脅威に仕訳

図表3-8　外部環境　機会と脅威の例

外部環境：自社にとっての機会（Opportunity）と脅威（Threat）

外部環境	機会（Opportunity）	脅威（Threat）
P：Politics（政治・法律） ・TPP（農業、保険、域内貿易活性化） ・保険業法、保険法、金融制度審議会	・農業法人、6次産業など企業分野の保険マーケットの拡大 ・商品説明等プロの専門性重視	・外資の攻勢～競争激化 ・金融庁監督指針（適切な保険募集、保険募集再委託禁止）
E：Economy（経済） ・アベノミクス～景気回復、円安、株高 ・規制緩和～医療、IT、成長産業 ・エネルギーなど原料コストの上昇	・企業業績の改善～保険需要増 ・資産の増加～保険需要増	・物価上昇による家計困窮～家計分野の保険見直し～個人分野での競争激化
S：Society（社会） ・少子高齢化、ペット増加、自動車離れ ・環境、健康、教育重視 ・東日本大震災～リスク意識の高まり ・ECの拡大	・高齢者、子どもマーケット ・個人保険、生命保険 ・リスクマネジメント、BCP	・自動車保険マーケット縮小 ・低価格ネット通販、専門性有する大型代理店などとの競争激化
T：Technology（技術） ・ネットワーク技術の進展 ・保険会社システムの向上 ・製造業、販売業などの技術革新	・ホームページ、SNSの活用 ・保険会社システムの活用で販促	・ネット通販の勢力拡大 ・システム投資～CIT、顧客情報活用など、大型代理店との差が拡大
売り手（保険会社）、新規参入、競合関係 ・3メガ損保体制～中小代理店の整理統合 ・ネット通販、来店型乗合代理店の増加 ・銀行、ディーラー、修理工場など、副業代理店の保険事業強化	・他との差別化～専門性の発揮	・ポイント制導入による手数料収入減 ・副業代理店の本業商品との抱き合わせ（自動車販売価格の値引など）

図表 3-9　SWOT 分析の例

SWOT 分析

【強み＝ Strength】	【弱み＝ Weakness】
・基盤となる顧客がいる（2,000 人） ・社長の営業力が高い ・専属代理店なので、保険会社のサポートが手厚い ・手数料ポイントが高い（170P）＝収益性が高い ・事務処理がしっかりしている（事務員が優秀） ・募集人は FP 資格を有している ・事故対応力が高い	・顧客情報の蓄積がない ・顧客との関係性が薄まっている ・社長が高齢化 ・システム化が遅れている ・企業物件が少ない ・生保の成績が伸びない ・経営理念（ミッション）、経営ビジョン、経営戦略、経営計画〜実行（PDCA）が理解されていない
【機会＝ Opportunity】	【脅威＝ Threat】
・貯蓄など資産が多く、高付加価値志向の高齢者増加 ・子どもへの消費拡大（6 ポケット） ・東日本大震災によるリスク志向の高まり ・地震保険、BCP ニーズの高まり ・高度先進医療へのニーズの高まり ・公的介護、介護の必要性の高まり ・取引先の海外展開（工場設置等） ・日本の企業の 99.7％（400 万社以上）が中小企業 ・SNS など、消費者とのコミュニケーションツールの発達 ・「こだわり、個性、専門性」を求める消費者も多い ・個人情報漏えい、株主代表訴訟など経営リスクの増大	・ネット通販の市場拡大…価格競争の進展 ・銀行窓販、メガ損保直資代理店 ・来店型代理店の出店増加、業績好調 ・企業代理店の保険事業強化（ヤマト、セブン＆アイ、丸紅、ディーラーなど） ・アニコム損保（ペット保険）などの新規参入 ・ライフネット保険　代理店手数料開示、提携保険プランナー募集 ・ONE タイム保険（一日自動車保険など） ・情報ネットワークの発達〜保険会社のスマートフォンアプリの充実 ・手数料ポイント制（専業・専属・Navi の強制・圧力）

けして洗い出し、SWOT 分析〜経営戦略〜経営計画を策定する。

① SWOT 分析

実際に、損保代理店から聴取した、自社にとっての外部環境（機会と脅威）は、**図表 3-8** のとおりである。

外部環境の変化は早く、激しく、突然現れる。この環境変化を「機会（Opportunity）」と「脅威（Threat）」で洗い出し、自社にあてはめて環境認識することが重要である。同時に、自社の「強み（Strength）」と「弱み（Weakness）」を洗い出し、自社を知ることが重要である。

図表 3-9 は、上記で洗い出した「自社にとっての外部環境（機会と脅威）」に、自社の「強み（Strength）」と「弱み（Weakness）」を当てはめた専業

代理店の「SWOT分析の例」である。

② 経営戦略の策定

自社のSWOT「強み（Strength）」と「弱み（Weakness）」、「機会（Opportunity）」と「脅威（Threat）」を洗い出した後に、外部環境の要素と内部環境の要素を組み合わせた現状に対応する施策を立案する。

具体的には「機会を生かして、強みを伸ばす」「機会・脅威に対し、弱みを克服する」ことにつながる成功要因（CSF = Critical Success Factor、KSF = Key Success Factor、KFS = Key Factor for Success）・課題を**図表**

図表3-10　クロスSWOTと経営戦略

クロスSWOT分析

	【機会＝Opportunity】 ・高付加価値志向の高齢者増加 ・子どもへの消費拡大（6ポケット） ・地震保険、BCPニーズの高まり ・先進医療、介護のニーズの高まり ・400万社以上の中小企業 ・SNSなど、コミュニケーションツールの発達 ・個人情報漏洩等、経営リスク増大	【脅威＝Threat】 ・低価格・ネット通販の市場拡大 ・銀行窓販、メガ損保直資代理店 ・来店型代理店の出店増加 ・企業代理店の保険事業強化 ・アニコム損保などの新規参入 ・ONEタイム＜1日自動車＞保険 ・手数料ポイント～専属優遇など
【強み＝Strength】 ・基盤となる顧客がいる(2000人) ・社長の営業力が高い ・保険会社のサポートが手厚い ・収益性が高い、事務員が優秀 ・募集人はFP資格を有している ・事故対応力が高い	機会を生かして強みをさらに伸ばすために取り組むべきこと ・既存顧客の顧客管理～接点強化 ・生保販売の促進（クロスセル・企業） ・FP、BCP、リスクマネジメント活用 ・中小企業、農業法人など工作 ・CTIなど、ITネットワーク化	機会を生かして、弱みを克服するために取り組むべきこと ・顧客情報の収集、DB化 ・顧客のABC管理 ・適切な保険提案（損保、生保） ・情報提供(個人賠償、弁護士特約) ・事業継承、組織化
【弱み＝Weakness】 ・顧客情報の蓄積がない ・顧客との関係性が薄まっている ・社長が高齢化 ・システム化が遅れている ・企業物件が少ない ・生保の成績が伸びない	脅威によって、強みが発揮できなくなることを回避する方策 ・業務プロセスの見直し ①財務・収益性　継続率、生保など ②顧客の視点　お客さまの声 ③業務プロセス　顧客情報の収集等 ④学習と成長 　生保資格、FP、事故対応力向上	脅威によって、弱みがさらに深刻になることを回避する方策 ・顧客情報の収集、DB化 ・顧客のABC管理 ・適切な保険提案（損保、生保） ・既存顧客管理～接点強化 ・学習と成長 　生保資格、FP、事故対応力向上

経営戦略

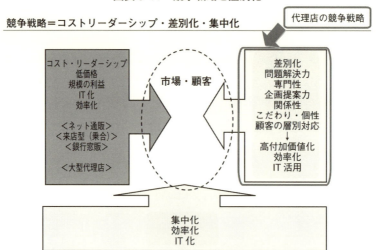

図表3-11　競争戦略と差別化

3-10のように抽出し、経営ビジョン（ありたい姿）へ到達するための経営戦略を立案する。

③　専業代理店の経営戦略は「差別化」

商品における価格競争力がない以上、専業の損害保険代理店のとるべき「競争戦略」は、「差別化」戦略である。ポジショニングの観点は、「問題解決力、専門性、企画提案力、関係性」である。

④　マーケティング・イノベーション（価値創造）の視点

マーケティング・イノベーションの視点は、「コミュニケーション、協働、パートナーシップ」である。この「コミュニケーション、協働、パートナーシップ」の中から、経営革新（イノベーション）が生まれ、お客さまに向けた新たな価値が創造される。

専業代理店におけるマーケティング（価値の創造・伝達）は、専門性や関係性、情報ネットワークを生かして、ニーズとニーズ、機会と機会、強みと強みをつなげ、具体的な提案を行うことで、コミュニケーションをつなぎ、

図表 3-12　マーケティング（価値創造）

マーケティング（価値創造）のベース：「コミュニケーション、協働、パートナーシップ」〜成長戦略

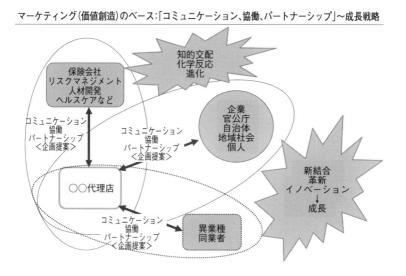

問題解決を図る（価値を創造・共有する）ことである。

　自らの利益（手数料）だけ追っていては、生き残ることはできない。成功している代理店は、専門性や関係性、情報ネットワークを生かして、新たな価値を創造し続け、成長している。

3　経営計画への落とし込み

(1)　経営計画の策定

　損害保険の収入保険料2億5,000万円前後の専業代理店の事例で、経営計画を策定してみる。損保代理店の経営計画として最低限盛り込む項目には、「収入保険料目標」「手数料目標」「売上増加策」、そしてM&Aによる増収を考えている場合は「M&A目標」が必要となる。

　売上増加策には、顧客を増やす方策として新規顧客と既存顧客の視点で、単価をアップさせる方策として多種目販売の視点で検討する。

図表 3-13　経営計画

201X 年経営計画

1. 保険料・目標
   (1) 損保　収入保険料
      A 損保　目標 2 億 5,400 万円　⇒ 手数料 3,910 万円
      B 損保　目標　　 600 万円　⇒ 手数料 　 90 万円
      合計　　目標 2 億 6,000 万円　⇒ 手数料 4,000 万円
   (2) 生保　保有 AP
      C 生保　目標　 900 万円　⇒ 手数料 280 万円

2. 増収策
   (1) 新規顧客の獲得
      ①損保
         A 損保　団体契約の加入者増、対象増加など　　　　　　　　　　　　　600 万円
         B 損保　中小企業向け　リスクマネジメント＋業務災害補償（労災）、D&O⇒@20 万×20 社＝400 万円
      ②生保
         企業・団体向けの医療保険　年間 5 万円×100 人　⇒500 万円
         経営者向けの定期保険など　年間 20 万円×20 社　⇒400 万円
   (2) 既存顧客の流出防止
      ①対面強化　企業・団体への訪問、チラシ配布、面談など
      ②ネット活用　新サービスや制度改定案内
   (3) 購買頻度を高める（多種目販売）
      ①医療保険…自動車保険の既存契約者向け案内
      ②新商品、制度改定など、契約更改時の案内の徹底
      ③新商品（ペット保険など）、団体への提案の検討

> 専業代理店
> 社長、販売募集人 5 人、事務員 2 人

> 数値目標から

(2) 数値目標の明確化

最初に中期計画（3 カ年）を策定して、短期計画となる当年度の数値目標を明確にする。数値の設定にあたっては次の 3 点に注意する。

① 前年度の実績値には、保険会社から提供される成績データを入力する。

② 手数料率には、予想されるポイント数を当てはめる。

③ 既存契約の継続率（自動車保険：代理店平均 95％）を考慮し、売上増加の要素となる「顧客増」「顧客単価アップ（多種目販売など）」を数値目標化として定める。

策定した経営計画（Plan）は、作りっぱなしにならないよう、営業活動（Do）の実績を月ごと・四半期ごとなどの定期的に評価（Check）し、計画差異の見直しや施策の実行（Action）を行う。この PDCA サイクルを通じて、計画達成に向けマネジメントを行っていくのである。

図表3-14　3カ年計画（経営計画）数値目標の策定例

3カ年計画・数値目標（契約件数・保険料・手数料）

		2012年度（実績）			2013年度（目標）			2014年度（目標）			単価（円）※	手数料率※
		契約件数	保険料	手数料	契約件数	保険料	手数料	契約件数	保険料	手数料		
〈損保〉												
A損保	自動車	2,000	140,000,000	19,600,000	2,000	140,000,000	19,600,000	2,000	140,000,000	19,600,000	70,000	14%
	火災	1,000	80,000,000	14,400,000	1,000	80,000,000	14,400,000	1,000	80,000,000	14,400,000	80,000	18%
	傷害保険	400	24,000,000	3,600,000	440	26,400,000	3,960,000	500	30,000,000	4,500,000	60,000	15%
	新種（賠償など）	20	4,000,000	600,000	38	7,600,000	1,140,000	50	10,000,000	1,500,000	200,000	15%
	計		248,000,000	38,200,000		254,000,000	39,100,000		260,000,000	40,000,000		
B損保	新種（賠償責任）	10	2,000,000	300,000	30	6,000,000	900,000	30	6,000,000	900,000	200,000	15%
損保計			250,000,000	38,500,000		260,000,000	40,000,000		266,000,000	40,900,000		
	募集人@、5人		50,000,000	7,700,000		52,000,000	8,000,000		53,200,000	8,180,000		
〈生保〉	第一分野（死亡）	10	2,000,000	400,000	20	4,000,000	800,000	30	6,000,000	1,200,000	200,000	20%
	第三分野（医療）	50	2,500,000	1,000,000	100	5,000,000	2,000,000	180	9,000,000	3,600,000	50,000	40%
生保計			4,500,000	1,400,000		9,000,000	2,800,000		15,000,000	4,800,000		
	募集人@、5人		900,000	280,000		1,800,000	560,000		3,000,000	960,000		

※単価、手数料率は、仮定の数値

図表3-15　アクションプランの策定例

アクションプラン（行動計画）〜新規顧客獲得

工作対象	業種	売上高（収入）	従業員数	保険種目	担当者	行動開始	期限	収保目標
A社	飲食業	1億円	5人	賠償責任労災総合	S	4月	9月	20万円
B社	建設業	10億円	20人	請負賠償	T	4月	9月	20万円
C社	建設業	10億円	20人	請負賠償	Y	6月	10月	20万円
D社	公益法人	5億円	役員20人	役員賠償	H	6月	10月	20万円
E社	小売店	2億円	10人	傷害保険	M	4月	9月	60万円

(3) アクションプランの作成

年々増収の経営計画を実現するため、具体的なアクションプラン（行動計画）に落とし込む。

4　経営計画策定に必要な視点＝組織戦略

(1)　トップマネジメントの強化

社長は、トップマネジメントに注力し、経営理念・価値観の共有、経営計画・経営目標・企業戦略の構築、M&A、大型案件のトップセールス、異業種との連携・ネットワークづくりに注力できる体制の構築に努める。

そのために、社長のノウハウをマニュアル化し、権限委譲を進める。このことが、スムーズな事業承継にもつながる。

> - 経営理念・価値観の共有
> - 経営目標・経営計画の作成（PDCA）
> - 権限委譲→時間創出
> - 連携・ネットワークづくり
> - ノウハウのマニュアル化

(2)　営業活動の強化

従業員（募集人）の能力を最大限生かせるように、権限委譲に努め、社長の指導によりマネジメントの強化を図る。マニュアル作成・メンテナンス、OJT指導により、ノウハウの蓄積・共有化を進め、営業活動の強化を図る。

> - 権限委譲～マネジメント強化
> - 営業活動のマニュアル化～ノウハウの蓄積・共有化
> - SF（セールスフォース）活用
> - 保険提案・RM提案向上
> - 顧客情報の収集・蓄積

(3)　事務員による営業サポート

事務員による営業サポートを推進する。事務員は、事務処理に加え、電話

による満期更改手続き、広告宣伝（代理店だより、メール、チラシなど）、ホームページ・ブログの作成・更新を行う役割を担う。

> - 広告宣伝担当（たより、メール、チラシ等）
> - 効率的な事務処理体制
> - 効率化（キャッシュレス化、募集事務の簡素化）
> - ホームページの作成、更新

（4） IT活用により、代理店の効率的な事務処理

IT活用により、代理店の効率的な事務処理体制（キャッシュレス化、募集事務の簡素化）を一層推進する。そして、顧客情報管理・活用などの「IT化」では、保険会社の代理店システムを有効活用する。

さらに、委託型プランナーのセールスフォース（SF）の活用促進を図ることで、販売活動の強化と効率化を図る。

5 【事例】エージェントの共感を得る経営計画の策定

（1） エージェントを奮い立たせるメッセージを乗せた経営計画

ノバリ株式会社（太田裕二社長：東京都中央区日本橋人形町：2002年1月設立）は、火災保険・地震保険のプロフェッショナル集団として、急成長している代理店である。

2013年度（2014年3月末）の年間収入保険料は、プロエージェントグループノバリ全体（賛同する会員代理店をノバリ本社社員として社員数100人超：全国20の事務所・オフィス）で30億円を超えている。

そして、5カ年計画として、2018年までに年間収入保険料100億円をめざしている。

（2） 成長を支えるもの

当社の成長を支えているのは、①明確な経営理念、②経営理念・ビジョンにもとづく仕組みづくり（グループ化）、③仕組みを支える「情報発信・コミュ

図表3-16　ノバリの5カ年計画

ノバリ㈱の入居ビル

太田裕二社長

図表3-17　ノバリの経営理念

ニケーション」「販売ノウハウの共有」「教育研修」「システム・人材の共有」である。

　太田裕二社長は、インタビューの中でも、ノバリの経営理念は「お客さまに喜ばれる付加価値を創造し、感動を提供すること」と語っている。そして、それを「ノバリ実践経営哲学」の中で、「7つの価値観」「グループの5つの哲学」として示している。

　ノバリグループが専業代理店のプラットフォームとなるべく、参画代理店は独立を維持しながら、共通の理念のもと、販売ノウハウ・情報の共有化、人材教育の実施、異業種のプロ（弁護士、社労士、公認会計士など）との連携（共有）を図るなどして、グループを拡大している。

　さらに、ノバリグループのブランド戦略として、「ボーノくんとプップ」

ノバリのグループキャラクター

というグループキャラクターをホームページやパンフレットで使用している。
　「ボーノくんとプップ」の絵本として、「子供たちへ夢とやさしさを与えていきたいと想いを込めてお贈りする冒険の物語」がHPに貼り付いている。とてもユニークで、クオリティの高い優しいキャラクターである。
　これから、どこまで発展するか、ノバリのユニークな取組みには注目していきたい。

法人市場の開拓はリスクマネジメントで

法人市場は有望なマーケットである。それだけに対象企業による損保代理店の選別眼は厳しく、参入や新規開拓は困難である。しかし、相手にとって重要な役割を果たすパートナーとして認められれば、十分な営業機会が見込める。

この観点から、「リスクマネジメント」を切り口として新規開拓を進めよう。

1　企業活動はリスクばかり

（1）経営リスクの増大～企業のリスクマネジメント
① 企業を取り巻くリスクの多様化、顕在化

　経営者は、自然災害、火災、交通事故、労働災害、病気などの伝統的なリスクに加え、近年は、貸倒れや個人情報漏えい、食中毒や製造物責任、自らの事業承継などの社会的な経営リスクに備えなくてはならなくなっている。

② 企業におけるリスクマネジメントと保険の重要性

　経営リスクが増大するにつれ、経営者は適切にリスクマネジメントを行い、自然災害等の経営リスクに備える必要がある。おもなリスクの分類は**図表4-2**のとおりであるが、種々のリスクがあることがわかるであろう。

　それらのリスクへの対応にはさまざまな方法がある。**図表4-3**が代表的なものであるが、中小企業の場合は、その規模や資金力から見て、リスク保

図表4-1　リスクの多様化・顕在化

```
世の中、危険（リスク）が一杯
～リスクの多様化・顕在化

伝統的リスク    地震、火災、台風、交通事故、労働災害、
                感染症
                        2011.3.11                        Safety
                        経済損失20兆円

近年のリスク    貸倒れ、原料高騰、情報漏えい、著作権、
                設備投資失敗、製造物責任、事業継承
                Yahoo150万人              トヨタ HVリコール      Return
                顧客情報流出             1000億円

新しいリスク    偽装表示、虚偽報告、環境汚染、粉飾決算
                        食品偽装                         CSR

※riskの語源…イタリア語「risicare」（勇気を持って試みる）
```

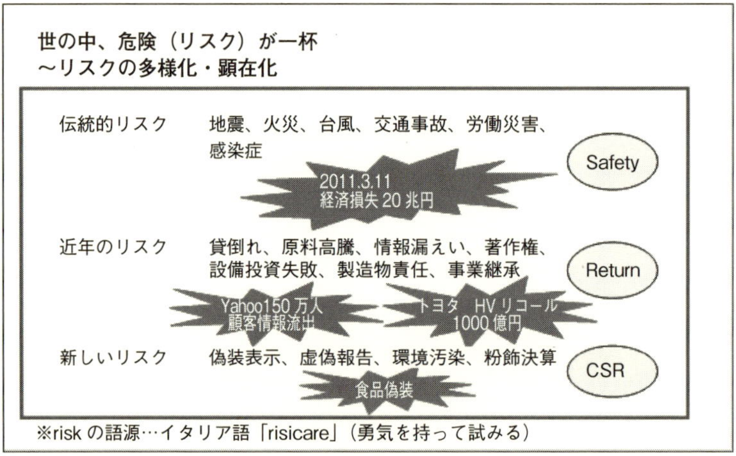

図表4-2　リスクの分類

経営リスク	企業統治リスク（事業承認リスク）、業務管理リスク、ブランド戦略リスク、資源配分リスク、事業管理リスク　等
財務・経理リスク	会計制度リスク、税務管理リスク、資金調達リスク、金利変動リスク、為替変動リスク、株価変動リスク、保険契約リスク　等
法務リスク	業務不適合リスク、知的財産権リスク、契約トラブルリスク、非社会的勢力対応リスク
人事リスク	人材流出リスク、労務管理リスク、労災リスク、ハラスメントリスク、社員不祥事リスク、モラル・モラール低下リスク、疾病・事故リスク　等
営業・販売リスク	在庫管理リスク、顧客対応トラブルリスク、信用リスク　等
購買リスク	調達不調（量・品質）リスク、原料材高騰リスク　等
製造・技術リスク	開発技術力低下リスク、生産管理リスク、生産停止・能力低下リスク　等
製品サービスリスク	品質管理リスク、製品回収リスク、製品タンパリングリスク　等
広報リスク	広報対応リスク、情報公開リスク、風評リスク　等
情報リスク	情報システムリスク、情報漏えいリスク、セキュリティリスク、ソフトウェア管理リスク　等
設備・社屋リスク	火災爆発リスク、自然災害リスク、設備老朽化リスク、物理的セキュリティリスク（資産盗難等）
環境リスク	環境汚染・負荷リスク、産業廃棄物リスク、温暖化リスク　等
カントリーリスク	政情リスク、治安リスク、差別問題（宗教、人種等）、文化摩擦リスク、現地法対応リスク　等

有とリスク移転の2つが主たる対策となる。

　自社内での対応であるリスク軽減には当然取り組むとしても、特に自然災害のようなコントロールしにくいリスクに対しては、リスク移転である保険は、非常に重要である。そこで、リスクマネジメントにもとづく保険提案は、企業を顧客とする保険代理店の重要な役割となる。さらに、BCP（事業継続計画）、ロスプリベンション（事故防止・低減）の提供なども必要である。

図表4-3 リスクの対応方法

リスク対応			
リスクコントロール		リスク回避	リスクを伴う業務から撤退すること。リスクは回避できるが、ビジネスからの撤退になり、リターンもゼロになる。 （例：生産条件制限、新規事業撤退、新製品開発断念）
		リスク軽減	リスク源の除去などにより、損失の頻度を減少・排除する予防と、損失の大きさを減少させる軽減がある。 （例：可燃物の使用禁止、品質安全管理、クレーム体制整備など）
		リスク分割	企業活動を小さな単位や集団に分割すること。 （例：工場の分散、仕入先の複数確保、出張者のフライトを分散する）
リスクファイナンシング		リスク保有	ある特定リスクによる損失負担を受容すること。即ち、損害が発生した場合、補填に必要な資金を借入を含めて企業自身で調達し対応すること。 （例：積立金、準備金、引当金設定、借入、コミットメントライン）
		リスク移転	契約や保険によって、他社との間でリスクを共有し、分散すること。 （例：保険、共済、デリバティブ）

(2) 企業向けの保険提案

前項で述べたように、企業が抱えるリスクは個人とは比べようもないくらい大きい。企業には、個人向け以上に、リスクに応じた保険を提案することが有効となる。

図表4-4 企業リスクに応じた保険提案

リスク観点	リスク分類	リスク顕在化への備え（保険加入による受容）
企業を取り巻くリスク	経営者のリスク	生命保険、傷害保険など
	従業員のリスク	医療保険（がん保険）、海外旅行保険、傷害保険、所得補償保険など
	売上・利益減少のリスク	取引信用保険、企業費用・利益総合保険など
	第三者への賠償リスク	個人情報取扱事業者保険、賠償責任保険など
	社有車のリスク	自賠責保険、自動車保険など
	財物破損のリスク	火災保険、機械保険など
	商品破損のリスク	動産総合保険、運送保険など
	現金盗難のリスク	動産総合保険、運送保険など

各種の賠償責任保険はもちろん、①経営者リスクに備える「生命保険(定期保険)」「会社役員賠償責任保険(D&O))」、②自然災害防災リスクに備える「火災保険・機械保険」、③売上・利益減少・取引先倒産リスクに備える「企業費用・利益費用保険」「取引信用保険」などがその内容となる。

2　法人向けリスク対応商品は中小企業がマーケット

(1)　大企業はすでに機関代理店の独占市場

企業を取り巻くリスクマネジメントを訴求し、法人向け損害保険の販売が有効であることはわかる。それでは、実際にどのような企業が損保代理店のターゲット市場となりえるだろうか。

すぐに企業名が連想できる有名な企業、大企業については、従業員のための企業内代理店(グループ内代理店ともいう)を持っていたり、資本関係のある系列会社として特定の損保保険会社との結びつきが強かったりする。

機関代理店を有する大企業に保険営業をかけても、労多くして成約に結びつく可能性は低く、時間の無駄となる。

(2)　対応すべき法人市場は中小企業

大企業が法人保険の市場としては入り込みにくいならば、機関代理店を持たない中小企業こそがターゲットとなりうる。中小企業は日本の底力を支える存在であり、企業数が圧倒的に多い。

また、大企業に比べて経営基盤が脆弱であり、それを補うためのセーフティネットの構築、すなわち保険によるリスクマネジメント整備の潜在的な需要が見込まれる市場であるといえる。

さらに、中小企業の強みである、優れた経営者の素早い意思決定力により、「小回りのよさ」と「柔軟性」が、保険営業にとってメリットになることが想定される。大企業への保険営業には、社内調整や費用対効果の検討に時間を要し、成約するまでには労力が大きい。

図表 4-5　日本における中小企業と大企業（1次産業を除く）

	中小企業		大企業	
	規模	構成比	規模	構成比
企業数（企業）	1,677,949	99.4%	10,319	0.6%
常用雇用者数（人）	21,375,140	59.7%	14,416,903	40.3%

出所：中小企業庁「中小企業白書 2014 年版」

　しかし、中小企業においては経営者に対するトップアプローチが行いやすく、経営者の持つ課題認識に有効な営業（訴求）であれば、素早い判断による短期間での契約成立の確率が高い。
　中小企業には、新規創業した企業や、新たな事業領域にチャレンジするベンチャー企業も含まれている。インターネットショッピング大手で、今やさまざまな事業を展開する「楽天」も、創業当時は中小企業であった。
　こうした将来の大企業に対し、中小企業の段階から、企業経営のリスクヘッジを行うコンサルテーションとして保険提案ができた場合、大型保険商談へとつながる可能性もある。

(3)　業種別の中小企業の市場規模

　損保商品の販売が見込める中小企業の市場規模を確認する。リスクを負っている事業を営む業種としては、**図表 4-6** のように建設業、製造業、情報通信、運輸業・郵便業、医療・福祉などの賠償責任の負担を強いられる業種があげられる。
　卸売業、小売業、不動産等の各種サービス業は、売上（売掛金）損失や事故による財産損失などのリスクが高い業種ととらえることができる。加えて、すべての業種において、物的・人的損失や、不祥事による企業イメージ損失など、事業継続に多大な影響を及ぼすリスクとも隣り合わせであるといえる。
　このリスク回避が必要な中小企業は、大きな有望市場と認識すべきである。

図表 4-6　損保販売が見込める中小企業の主な業種の市場規模

損保販売の見込める主な業種	企業数	中小企業構成比	常用雇用者数（人）	中小企業構成比
建設業	303,458	99.9%	2,211,167	84.3%
製造業	273,525	99.3%	5,479,835	56.3%
情報通信業	42,006	98.8%	848,211	60.8%
運輸業，郵便業	54,060	99.5%	1,944,535	66.9%
卸売業	177,307	99.2%	1,844,563	68.0%
小売業	254,483	99.1%	2,540,333	49.8%
不動産業，物品賃貸業	169,360	99.8%	559,320	72.7%
学術研究，専門・技術サービス業	83,356	99.4%	501,292	60.5%
宿泊業，飲食サービス業	98,097	99.3%	1,617,162	55.5%
生活関連サービス業，娯楽業	63,597	99.2%	981,873	71.3%
教育，学習支援業	15,446	99.2%	245,256	69.7%
医療，福祉	28,077	99.5%	503,819	75.9%

出所：中小企業庁「中小企業白書2014年版」

(4) 経営基盤が脆弱だからこそ、備えが必要

　損害保険を活用したリスクマネジメントの究極の目的は、企業の倒産防止である。特に自己資本の少ない中小企業においては、軽微なリスクであっても事業活動の継続に多大な影響を与える。

　そこで、企業経営活動において発生しうるさまざまなリスクに対して、最小限のコストでリスク防止と適切な処理を行い、損失や被害を最小限に抑えるのである。このリスクマネジメントの方法の1つとして、リスクファイナンスという考え方があり、リスク保有とリスク移転に大別される。

　図表 4-7 は、上記の考え方をもとにして、中小企業の立場でみたリスクへの対応方法を、その分類ごとに代表例と評価をまとめたものである。

　リスク保有は、損失の発生に対し、自己資金や内部留保金などの資金的備蓄により損失補填を行っていくものである。経営資源の中でも資金が潤沢ではない中小企業においては現実的には難しい。

　また、リスク顕在時を想定した多額の内部留保は、中小企業の成長に向けた積極的投資の抑制につながる。

図表 4-7　リスクへの対応方法と評価

		対応方法	おもな例	評価
リスク対応	リスクコントロール	リスク回避	リスクからの撤退 （新商品開発中止等）	×
		リスク軽減	リスク源の除去 （品質安全管理徹底等）	○
		リスク分割	活動単位の分割 （工場や仕入先の分散等）	△
	リスクファイナンス	リスク保有	損失対応の準備 （積立金、引当金等）	△
		リスク移転	他社との間でのリスク共有・分散 （保険等）	◎

　自社の損失を他者にカバーしてもらうリスク移転の方法として、保険を積極的に提案し、資金負担を損害保険の掛け金だけにとどめて、成長に向けた投資原資を確保するのである。

3　中小企業への提案方法

(1)　保険コンサルティングの重要性

　中小企業へのアプローチとして重要になるのが、リスクに対するコンサルティングである。まず、企業の実情から備えるべきリスクを洗い出す。そのうえで、それに対する必要最低限の保険の組み合わせは何かを、十分社長の考え方なども聞いたうえで、コンサルティングしていくことが必要である。

　保険料の支払についても、その企業の支払能力を考慮すべきであることは、言うまでもない。一度始めたらそれで終わりではなく、一定時間経過したら、その時点で保険内容を見直し、見直し時点で最適なものに変更していくことも必要である。

(2)　従業員の教育と外部の力の活用

　これまで述べてきたように、コンサルティング型の保険販売は、中小企業

図表4-8　コンサルティングによる保険提案の流れ

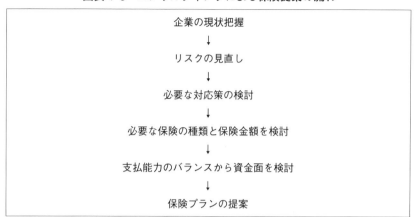

へのアプローチとして極めて有効である。提案するには、対象企業の現状を把握してリスクの種類と大きさ、それに対する保険の種類と保険金額を十分に検討して、具体的に提案書を作成することが必要となる。

そのため、アプローチする営業マンには、①中小企業の現状を把握する能力、②社長等キーパーソンから情報を聞き出すスキル、③リスクの把握能力、④具体的な保険商品等の知識について精通していることが求められる。

保険商品のことを知っているのは当然としても、それ以外の能力やスキルを身につけるためには、①リスクコンサルティングの書籍を読む、②保険会社等が主催する研修やセミナーに参加する、③「損害保険大学課程」を学習し、認定を受ける等の自己研鑽が必要となる。

さもなければ、中小企業診断士などと連携して、外部の力を借りて企業にアプローチすることで、自社に不足している能力を補うことも、十分検討に値する方法である。

(3) 従来型商品からパッケージ型へ

これまで見てきたように、地震・水害・台風等の自然災害や従業員の労災事故、工事現場の賠償事故など、企業活動にはさまざまなリスクが存在して

図表 4-9　各種リスクに対応する損保商品

リスクの種類	具体的なリスク	損保商品
財物上のリスク	建物・設備・什器の火災、落雷、風災、水災等	火災保険、動産保険、機械保険等
賠償責任のリスク	業務中、生産物・仕事の結果による賠償責任等	施設賠償責任保険、生産物賠償責任保険等
自動車の運行リスク	社有車事故による賠償責任、車両損害等	自動車保険（対人・対物賠償、車両保険）
収益上のリスク	火災による営業停止に伴う売上減少等	利益保険、家賃保険、店舗休業保険等
身体上のリスク	経営者、役員、従業員の死亡・ケガ等	傷害保険、労災総合保険、所得補償保険等

図表 4-10　パッケージ型の商品

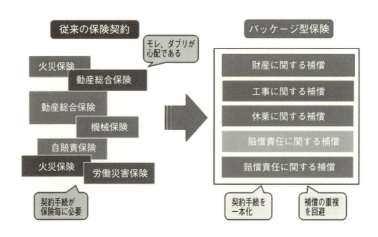

出所：東京海上日動火災保険（株）HP の図表を一部加工

いる。保険会社は、こうしたリスクに対応するべく各種の保険をラインアップに持っている。損保代理店は、顧客企業に対してそのリスクを個別に分析・評価したうえで、数多くのラインアップから具体的な商品を組み合わせて提案することになる。

従来型商品では、企業側としては契約件数が多くなり、どのような契約をして、トータルでどれだけ保険料を支払っているかの管理が難しい。しかも必要な補償が網羅されていなかったり、同じ補償に重複して加入していたりというケースも出てくる。一方、損保代理店としても、同じ企業で年間に何件も契約することで、事務効率が低下してしまう。

こうした状況下、各保険会社は、企業のリスクをひとまとめで契約できる商品を開発するようになった。企業側は契約を一本化することができるとともに、補償の過不足をなくすことができるようになる。

一方、損保代理店としても、満期が一本化されることで業務効率化につながるだけでなく、従来他代理店で契約していた保険についても切り替えてもらうことで増収につなげることができる。

このように、双方にとってメリットのあるパッケージ型の商品は、積極的に販売していく商品といえる。

(4) 業種による商品メニューの違い

一口に賠償リスクといっても、業種によってリスクの種類と大きさは異なる。たとえば、喫茶店のような飲食業で想定される賠償リスクと、ビルを建築する建設業者で想定される賠償リスクとでは、その種類と大きさが大きく異なる。

保険会社は、こうした業種別に対応する商品ラインアップを揃えているので、損保代理店はそうした商品ラインアップの中から、顧客となる企業の業種に応じた保険を提案することが求められている。

たとえば、喫茶店のケースでいえば、建物の火事に備えた火災保険、お客さまにコーヒーをこぼしてしまったときのクリーニング代に備える施設賠償責任保険、食中毒事故に備えた生産物賠償責任保険などが考えられる。

また、ビルを建設する建設業者であれば、工事中に鉄骨が通行人に落下してしまったときに備える請負賠償責任保険、建築しているビル自体の損壊に備える工事保険、ビルの引き渡し後に壁が剥がれてしまったときに備える生

産物賠償責任保険などが考えられる。

　一方、先ほど紹介したパッケージ型の商品では、対象となる企業の業種、売上高、補償項目を選択することによって、簡単に保険料の算出ができる仕組みとなっている。加入する企業、損害保険代理店ともに利便性が高いというメリットがある。

　ただし、すべての補償を保険で備えようとすると高額な保険料になってしまうので、企業と損害保険代理店の間で、真に保険加入すべきリスクかどうかを精査して加入することが重要である。

(5) 団体制度型商品の活用

　これまでは、保険会社が個々の企業向けにラインアップしている商品を説明してきた。一方、保険会社が開発した商品という点では同じであるが、企業が所属する団体経由で保険に加入することで、団体としてのスケールメリットを得られる団体制度型商品もあり、検討する必要がある。

　代表的なものとしては、全国の商工会議所、商工会、団体中央会の会員が加入できる「中小企業PL保険制度」「休業補償プラン」「個人情報漏えい賠償責任保険制度」がある。

　最近では、従業員のメンタルリスクにも備えられる「業務災害補償プラン」がラインアップに加えられた。

図表4-11　商工会議所の商品ラインアップ

| 中小企業PL保険制度 | 個人情報漏えい賠償責任保険制度 | 全国商工会議所の業務災害補償プラン | 全国商工会議所の休業補償プラン |

4　法人向け商品の販売アプローチ

(1)　イニシャルアプローチ

　知人、友人、親戚などの知り合いルートのことを損保業界では「イニシャル」と呼んでいるが、そのイニシャルに対するアプローチが、保険営業のスタートとなる。保険会社には、一定期間の後に独立して保険代理店の経営を目指す人を募集する研修生制度がある。研修生の採用にあたって一定数以上のイニシャルのリストアップを条件にしている会社もあるくらい、重要なアプローチ方法である。

(2)　エリア開拓アプローチ

　業種を特定することなくエリア（地域）を特定して、企業を無差別にアプローチする方法である。企業名が表示される詳細な地図等を活用することでターゲット企業を選定し、訪問活動を続けるという方法である。

　メリットとしては、移動効率が高くなるので訪問頻度を上げることが可能となること、いったん顧客となってもらえた場合、訪問しやすいということがあげられる。

　一方、デメリットとして、担当者に幅広い知識と対応力が求められ、業種を絞って活動することと比べるとノウハウが蓄積しづらいことがあげられる。

図表4-12　エリア開拓アプローチ

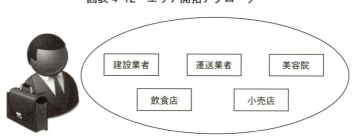

(3) 業種別アプローチ

特定の業種を選定し、業種のリスクと商品を絞ってアプローチする方法である。セールストークや用意するツールを限定し、繰り返し実践し続けることにより、さらなる情報収集、ノウハウの集約を図ることができるというメリットがある。ただし、業種を絞り込むことでターゲットエリアが広がってしまうため、移動効率が下がってしまうというデメリットがある。

同業組合のリストなどはHPなどから入手することも可能であり、企業情報はデータベースとして購入することが可能である。また、保険会社に相談することで、リストを提供してもらえるケースもある。

最近では、保険会社も商品を切り口とした販売手法では限界があるため、セミナーを活用した集客を行っている。

たとえば、製造業者向けBCPセミナー、運送事業者向け労務管理セミナー等を開催し、個別コンサルへと持っていくような取組みが進んでいるので、損保代理店も参考にすることができる。

代理店自らが、外部の力を借りセミナーを開催することも検討に値する。

図表 4-13　業種別アプローチ

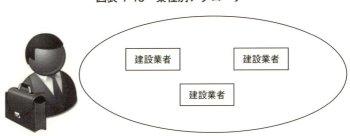

(4) 団体制度活用アプローチ

特定の団体に加盟している企業をリストアップし、制度商品を切り口にアプローチを図る方法である。

たとえば、商工会議所に加盟している団体をリストアップし、商工会議所の制度商品を切り口にアプローチを図るような場合がこれにあたる。

会員向けに専用の制度商品が用意され、団体のメリットを生かした割安な保険料で提供されている。商工会議所自体が積極的な加入を呼びかけている場合もあることから、アプローチの際の面談のハードルが低く、中小企業開拓にとって有効な手段となる。商工会議所の会員リストは、個人情報保護の観点から開示されていない場合もあるが、HPで開示されている場合もある。

また、保険会社自体が取引拡大のために、団体会員に主体的にアプローチしているケースもあり、特に新商品が出た際には、保険会社と損保代理店とがタッグを組むことが、より効果的な取組みとなる。

（5） 業務提携アプローチ

税理士、社会保険労務士といった士業あるいは不動産業者、中古車販売店といった事業者と業務提携することにより、彼らの顧客先にアプローチする手法である。

たとえば、税理士事務所でリスクマネジメントの必要性をアピールする勉強会を開催し、彼らが開催するセミナー等で保険の部分の説明を担当するなどの活動を行うことが考えられる。

また、不動産業者が家を建てたり、仲介する場合に、火災保険の紹介をしてもらう、中古車販売店が車を販売する場合に、自動車保険の紹介をしてもらうことなども考えられる。

図表4-14　中古車販売店との業務提携

これらの事業者については、すでに単独で損保代理店となっているケースも少なくないが、損保代理店に対してコンプライアンスの遵守が強く求められるなかで、保険販売に苦労している場合も多い。そうした場合に、共同募集の道を探るなど、あきらめずにアプローチすることが重要である。

(6)　職域アプローチ

　法人マーケットそのものではないが、法人の職域マーケットにアプローチする方法である。昨今では、企業のセキュリティ対策の観点から職域に入りづらいケースも多いが、企業側の協力の下に、職域に自動車保険や火災保険といった商品を販売することは有効な取組みである。

　たとえば、法人顧客があり、そこの職域が手つかずになっている場合、相手企業に福利厚生の観点で提案することができる。

①　効率的な面談が可能

　通常、個人マーケットの場合は個人宅に訪問することが多いが、職域の場合は、ターゲット顧客が集中しているので、効率的に面談することが可能である。

②　保険料の割引が可能

　団体割引が適用されることで、通常より保険料が5％割引で加入することができる。大規模な企業になると、さらに優良割引が適用されるので割引率が拡大する。

③　便利な支払方法の選択が可能

　保険料支払が給与天引きとなるので支払が便利となる。

　そのほか具体的な職域マーケットの例として、団体扱自動車に関しては官公庁の団体扱自動車制度がある。全国に存在する官公庁の職員は、省庁単位で優良割引が大きい自動車保険制度に加入することができ、多くの保険会社で取り扱っている。ただし、商品によっては、取扱代理店が限られていることもあるので、所属保険会社に確認することが必要である。

図表 4-15　職域アプローチのメリット

- 効率的な面談が可能
- 団体割引や優良割引の適用
- 給与天引きによる支払い

(7) ニッチ分野への特化

　損害保険の取り扱う分野は極めて広い。特定の分野に特化することで、高収益を上げている損保代理店が存在する。そうした損保代理店は、商品をほぼ単種目に絞る一方で、対応エリアは全国展開していることも多い。

　海外旅行保険の通販、輸出入に関わる海上保険取扱、学校に入学してくる生徒や学生向けの学生総合保険取扱、病院の賠償保険の取扱などの例がある。

　彼らに共通しているのは、誰も追随できないレベルで業界と商品に精通し、人脈を広げ、スキルを向上させていることである。

　世の中の法律が変わったりするタイミングがチャンスとなることが多いので、そうした機会を見逃さず、新しいマーケットを切り開いていくことが重要である。

5　【事例】「リスクコンサルティング」を切り口に差別化

(1)　法人企業中心に営業推進

　リスクコンサルティング㈱は、法人企業中心に東京から全国各地に取引先を広げている。

　同社の営業スタイルはかなり特色があり、漫然としたアプローチではなく、最近増加している乗合代理店の形もとっていない。設立以来専属代理店として「お客さまの夢のゴールに向かって、ともに歩み続ける」という一貫したビジョンのもと、

【企業概要】
企業名：リスクコンサルティング株式会社
代表取締役　有我　信行
所在地：東京都豊島区
TEL：03-3989-8788
FAX：03-3989-8724
URL：http://www.riskconsulting.co.jp/

毎期順調に売上を伸ばしてきている。

その特徴は、同社のホームページの事業内容の最初にも書かれているように、経営コンサルタント業務（リスクマネジメント）を中心とし、そこから損害保険を販売していく極めて独自な営業手法をとっていることである。

有我信行社長

有我社長にこの方針をとられた経緯をお聞きした。

「保険会社の外務研修員としてスタートしたものの、営業経験が少なく大変苦労した。一方、一般代理店がお願い営業のような形で販売している姿に釈然としない気持ちを持っていた。そうしたなかで、経営手法としてのリスクマネジメントを学ぶ機会を得られたことが、独立に向けた大きなきっかけとなった」

とのことであった。経営リスクの全体を俯瞰し、その改善と保険商品を約款までしっかり掘り下げて考査する専門性を売りに、営業アプローチを行ったのである。

当時、保険会社が引受けを嫌っていたハイリスク事業（モータースポーツ等）について事故の発生を防止する仕組みを提案し、損害率を削減して保険引受けを可能とするコンサル手法を身につけた。新しいサービスを創造することの楽しさや職業を通じた社会貢献に、プロ代理店という職業が親和性が高いことを実感し、保険会社と一緒に前に進んできたという。

(2) 法人営業の進め方

同社は、高付加価値・高収益企業となるため、選択と集中を行い、自分で選んだ優良中堅企業と個人富裕層をメインターゲットにしている。基本戦略としては、図表4-16のように徹底した顧客セグメント戦略をとっている。

具体的には、市場開拓時間の半分を法人顧客へのコンサルティングに投入

し、それに付随する個人顧客を合わせると、60％近くに達している。優良な中堅企業とは、いっしょに会社の改善に取り組んでいくことが可能となる。

　自分たちで相手企業を十分選別して、優良と見極めたうえで、相手企業の内部に入り込んでいき、いっしょに問題解決を図る手法をとる。初回面談時には、筆記用具以外何も持たず訪問し、しっかり話を聞いてくるというのがその表れである。保険商品を販売するのではなく、相手企業で顕在化していないリスクや先々のライフサイクルをいっしょに考えて、その結果として保険を提案している。いっしょに伴走者として長くつきあっていくという考え方は、「保険料削減へのリスクコントロール提案」など、"プロならでは"の専門性とともに顧客から高い評価を受けている。

　営業活動は、顧客からの紹介や自社で選択しての開拓が中心で、ホームページや士業との連携での紹介（経営課題解決が共通のミッション）はあるが、ノウハウ流失の懸念が高い自社でのセミナー等は開催していない。

　また、保険会社との関係でも、プロ代理店として長年の保険会社とのつながりを重視して、しっかりした引受けができるとして、自社で選んだ保険会社という考えから、専属代理店で今後も営業していくとのことであった。

図表 4-16　リスクコンサルティング（株）の基本戦略

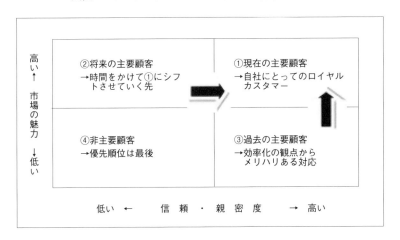

(3) 従業員への接し方

　リスクコンサルティング㈱の経営理念は、「豊かな価値を創造し、社会に貢献し続ける企業をめざします。健全な活動を通じて、お客さま・従業員をはじめすべての人々を大切にします」となっている。

　有我社長は、従業員の人生を豊かなものにしたいとの思いから、「固定年収1,000万円の実現」と「短時間労働による余暇の充実」の両方を実現することが経営者の使命と考えている。人が経営資源のすべてであり、労働生産性を向上させて付加価値を大きくすることが、他の競争企業との大きな差別化、競争優位の確立につながり、ひいては企業としての永続性を担保すると信じ、従業員を育てている。

　相手企業を選別するため人を見る目を持ち、また相手企業の社長からも信頼されるためには、すべての企業について相当の知識を持っており、さらに人格も磨かなければならないとの考えから、従業員教育に力を入れている。

　自己啓発書はもとより、経営情報誌や業務関連専門書を会社の費用で購入し提供するほか、各社セミナーや講演会・研修会にも積極的に参加させて、常に社外との情報交換や人的交流を図り、学習意欲の向上と経営参画への意識づけと活性化をめざしている。

　課題図書の読み合わせ、OJT、個別面談、同行指導等社長みずからの指導にも注力し、健全性を保ち品格を高めることにも目を配ることを積み重ねることにより、提供するサービスの差別化を生んでいる。

地域密着型保険代理店をめざす

　今後の生き残りには、地域密着型の営業スタイルも重要である。地域社会や住民との共生を基本とする経営理念・方針に基づき、自ら地域に積極的に働きかけ、お客さまに接していくことが大切である。そのときにものをいうのは、人間力と「ホスピタリティ・マインド」に裏づけられたコミュニケーションである。

1　地域密着型代理店としての地域戦略

(1)　中小代理店と大手代理店の違い

　最近、大手の来店型保険ショップやネット通販型といった中小代理店を脅かす勢力の進出が続いている。中小代理店は大手代理店とは商売の仕方が異なり、同じ土俵に立つこと自体が間違いである。

　中小代理店と、大手代理店の代表として保険ネット通販とを比較すると（**図表 5-1**）、保険の給付手続きや販売後のフォローの点で大きな違いがある。

　現在、インターネットで何でも手に入る時代になってきた。だが、保険のような目に見えない商品の場合、直節説明を聞いた人から購入し、何か問題が発生したらその人にフォローしてもらいたいという気持ちが強い。

　保険ネット通販は、原則として自宅に訪問し細かくフォローすることは期待できない。一方、中小代理店は、地域密着という点で大きなメリットがあるので、ここで勝負するべきである。

　保険商品は同じ地域の中でも、似たような商品をほぼ同じ価格で販売している。中小代理店では地域性を意識し、対象地域に住んでいる人たちのニーズをしっかり知る活動ができる。「お客さまに選んでいただくための行動＝地域密着型営業」が大きな強みになる。

図表 5-1　中小代理店と大手代理店との比較

項目	中小代理店	大手代理店（保険ネット通販）
販売地域	地域限定で狭い	広域
販売時間	長い	短い
方式	厚利少売	薄利多売
メリット	地域密着でフォロー 自宅へ訪問してくれる 手続の説明が詳細	複数の保険会社が選択できる 大半の募集人が FP 資格を保有 保険以外の知識も豊富
デメリット	コストが高い よい代理店の発見が困難	自宅への訪問は原則ない 給付手続に時間がかかる

(2) 地域戦略の策定

地域社会から支持される代理店になるため最初に行うべきは、どの地域に対してどのような営業を行うかを考える「地域戦略」である。

営業を始めるにあたり、対象が明確でないままやみくもに動きまわっても効果は期待できない。しっかり対象地域の特性を分析し理解したうえで、効果的なアプローチ方法を考え、実践することが重要である（**図表 5-2** 参照）。

図表 5-2 地域戦略の具体的な策定手順

手順	具体的手法	キーワード
顧客分布状況の把握	顧客マッピング	地域別特性 取引期間別・金額別
地域ポートフォリオ分析	距離・契約金額を軸にしたＰＰＭ	店舗からの時間 重点注力地域
地域別の特性・競合状況分析	地域統計調査・地域競合調査	地形・道路・集客施設・競合店
地域別営業戦略の策定	具体的な営業戦略策定シート	相手に合わせた営業方法

(3) 顧客分布状況の把握

地域別の顧客分布状況を把握するには、「自社を中心とした地図を用意する」⇒「顧客リストを用意する」⇒「マッピングする」の順で進め、顧客の分布状況を「見える化」する。この作業は、エクセルで顧客住所を地図上にプロットするツールなどを活用すると便利である。

自社の顧客の分布状況を視覚的にはっきりとさせ、なるべく１日で多くのお客さまを訪問して効率的な営業を展開し、生産性の向上を図る。分布エリアごとに訪問予定を立て、移動時間を短くすることで交通費も削減され、移動時間という非生産時間も少なくなり、労務管理上のメリットも大きい。

(4) 地域ポートフォリオ分析

顧客マッピングが完了したら、店舗からの距離と売上高（契約金額）の２

つの切り口で分析するため、横軸に店舗からの距離、縦軸に売上高（契約金額）をとって、地域ポートフォリオ分析を行う。

地域ポートフォリオ分析は、対象エリアについて、店舗からの距離によってどのような形（件数や金額）で顧客が分布しているかを4つの戦略ゾーンに分けて示すもので、それぞれの象限に対する営業姿勢を策定することができる。具体的には、「強い地域をより強く」するため、店舗から近くて顧客が多く売上高も多い地域に力を入れることになる。

特殊な地形的要因（大きな川、道路・鉄道等交通網）がある場合は、距離の代わりに時間を使用するほうがよい。

店舗からの距離（時間）と売上高（契約金額）により、**図表5-3**のように4つの象限に分けられる。

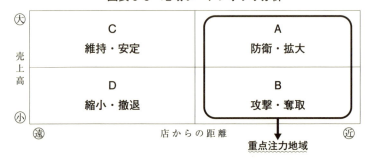

図表5-3　地域ポートフォリオ分析

地域Aは店舗近隣で売上高も大きい地域であり、営業方針はお客さまの維持・取引の拡大である。

地域Bは店舗近隣だが売上高が小さい地域であり、営業方針は現在のお客さまへの営業活動の強化と新しいお客さまの獲得である。

地域Cは店舗から遠いが売上高の大きい地域であり、営業方針は効率性から現在のお客さまの維持・安定である。

地域Dは店舗から遠く売上高も小さい地域であり、営業方針は営業活動の縮小・撤退である。

地域AとBが重点注力地域となり、今後の営業展開は、ここを中心として行っていく。

(5) 地域別の特性・競合分析

重点地域が決まったら、その地域の特質と競合状況について分析する。地域の特性とは、人口動向、人口構成（年齢・世帯・持家比率・戸建比率等）、地域の特徴（産業の中心・商業集積度・学校等）、交通事情（道路・鉄道等）、住民気質（保守的・開放的・新らしいもの好き等）、歴史、総需要の動向等があげられ、市町村役場等でデータは集められる。

競合状況は、全国展開しているネット通販は別として、いわゆる同業他社だが、兼業で代理店を営む店舗も含めることに注意が必要である。

(6) 地域別営業戦略の策定

重点注力地域に対して、地域特性・競合状況をふまえて、具体的な営業戦略を立てることになるが、ここまでの作業を含めて全社で行うことが重要である。社長が外部のコンサルタントと決めたものをただ実行するのと、自分が参加しながら分析して、その結果をもとに社内で議論して立てた計画では、結果はおのずと大きく違ってくる。

こうして社員が合意のうえで地域別の営業戦略を策定し、その営業戦略に沿って営業展開していく。

次節以下では、地域に支持される代理店となるための基本的方策について、具体的に述べる。

2　ホスピタリティあふれるコミュニケーション

(1) コミュニケーションの重要性

消費者ニーズの多様化や市場の競争激化により、従来と同じやり方を続けていく企業は淘汰されてしまう。生き残るには、しっかりとした企業理念の

もと、顧客から選ばれる企業にならねばならない。それには、改めてコミュニケーションのあり方を見直す必要がある。

保険の場合、基本的な商品性や価格には大きな違いはない。お客さまの選択の際に決め手となるのは、「誰から」買うのかになることが多い。「誰」とは、自分のことをよく理解し受け入れ、適切に期待どおり対応してくれる人である。「誰」がわかれば、安心・信用につながり、お客さまの意思決定の中で大きな要素となり、ブランド的な役割を果たす。

「あなたから買いたい」というのは、売る人の人間性が伝わるからであり、社長や社員のパーソナリティは最大のセールスポイントである。「顔を売る、名前を売るから商品が売れる」という昔ながらのやり方、つまり、お客さまとの信頼関係にもとづくロイヤリティの獲得が必要である。

地域に密着した代理店の特徴は、「地域をよく知り、プロとして専門分野に明るく、地域のお客さまのことを理解しながら、保険を提供できる」ことである。「すぐ隣にいるプロ」「いつでも頼りになるプロ」として、お互いがよく知っているという関係を築くことが、地域密着型営業の原点である。

図表5-4　地域での代理店とお客さまの関係

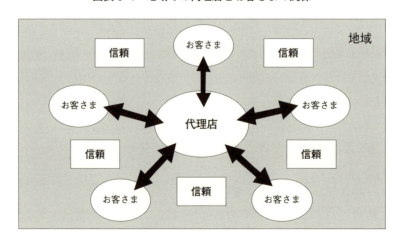

(2) ホスピタリティがつなぐコミュニケーション

　前述したように、今後企業が生き残るためには、「質のよいお客さま」をできるだけ多く獲得し、お客さまとのコミュニケーションを図り、お客さまの満足度を高め、維持・発展させていくことが重要である。

　その際、お客さま満足を生み出すのは「ホスピタリティ」であり、他社との差別化を図る最大の要因となる。

　ホスピタリティとは、「真心からのおもてなし、仕事としてではなく自然に生まれる温かい人間的な接し方」のことである。義務や強制ではなく、あたかも親友や親戚に対するように、相手が心の底から信頼し、喜んでくれるように接する。結果としてお互いが幸福となり、共に喜びを感じ、成長できる関係になる。

　「質のよいお客さま」は、こちらの考え方を理解して、購入という行為が繰り返されるお客さまのことである。お客さまのことを常に考え想いながらさまざまなアイデアを出し、新しい挑戦や行動を続けていくと、すばらしい理解者、サポーターがついてくる。

　お客さまとの理想的な関係は、**図表5-5**のように売り手の人間力を高め、ホスピタリティ・マインドにもとづいた会話や非言語（表情や態度など）でお客さまに働きかけていくことで築かれる。

図表5-5　お客さまとの理想的な関係の築き方

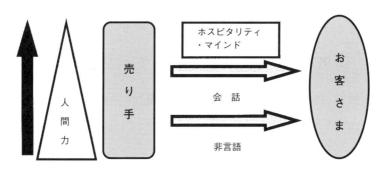

近年、「顧客満足度向上」を経営目標に掲げる企業が増えている。お客さまのニーズを十分に把握し応えることが、自社の商品・サービスの利用顧客を拡大し、企業の業績向上やイメージアップにつながるからである。
　顧客満足度向上には、前提としてお客さまとの接点となる自社の従業員の満足を高める必要がある。従業員それぞれが高い意欲と目的意識を持ち、担当業務に取り組むためである。
　企業としての明確な経営理念を従業員に示し動機づけ、従業員満足を高めながら顧客満足を高める。ホスピタリティにあふれた経営理念を従業員全員が共有すれば、組織が１つになり総合力が発揮される。コミュニケーションをつなぐ重要な役割を果たすのが、「ホスピタリティ」である。

図表 5-6　ホスピタリティがつなぐ社内外のコミュニケーション

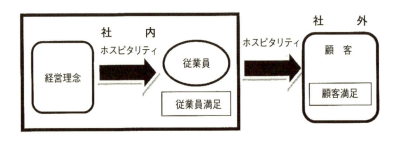

(3)　ホスピタリティ・マインドの必要性

　ホスピタリティ・マインドとは、お客さまの喜びを自分の喜びとする心であり、顧客満足や顧客感動となって返ってくる。顧客の欲求に応えこれを満たす一般的なレベルから一段階進み、顧客の欲求レベルを超えた願望や期待感を察知し応えるのが、ホスピタリティ・マインドのあるサービスである。
　お客さまには意外性のあるサービスが提供されるため、感動と共感が生まれる。人間味ある温かなふれあいや思いやりのあるサービスである。
　従業員が使命感とプライドを持ち、生き生きと充実して顧客に接するには、技術の向上とモチベーションアップの両方が必要となる。

図表5-7　お客さまと従業員との関係

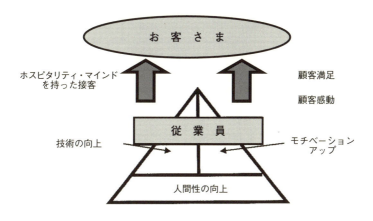

(4) 保険代理店としてのホスピタリティ

① お客さま情報の把握

表面的な顧客情報ではなく、今後お客さまのために何をするかを考えながら、しっかり整理し蓄積していく必要がある。すべて記憶することは難しいので、システムや情報ノート等を活用し記録する。もちろん、重要顧客情報なので、管理には十分留意する必要がある。

② お客さまの手助け

自動車事故等が発生しお客さまが本当に困っているときは、休日や夜間でもお客さまのため迅速に対応しアドバイスする。お客さまの立場に立ち、必要な情報提供や関係先紹介はもちろん、お客さまを助けながら、わかりにくい保険金の給付請求や相手先との交渉などを、迅速に保険会社に引き継ぐ。

③ お客さまニーズに合った情報提供や保険商品提案

お客さまとのつきあいのなかでいろいろな情報を入手して、これをもとにお客さま第一の視点で提案をする。直接的な子供向けの学資保険や車の購入の際の情報と自動車保険、旅行の際の情報と傷害保険など、保険関係の提案も重要である。

図表 5-8　お客さま目線での保険営業

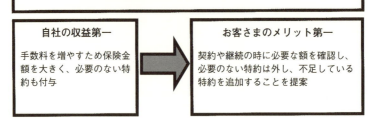

それ以外にも、便利な小物やプレゼントの販売店や美容院、デザートや食事のおいしい料理店の紹介といったところまで、お客さまに喜ばれる情報を提供することが重要である。

3　ファン客を育てる

(1)　お客さまの種類とファン客の重要性

お客さまの種類は**図表 5-9**のとおりであるが、その中でもファン客が重要となる。ファン客は、「人とのつながり」をもとに、代理店やその社員に対して熱い気持ちを持っているので、単なるリピーターを越えた言動をとる。知らないところで一生懸命、第三者に店や商品のことを宣伝してくれる。

図表 5-9　お客さまの種類と必要な行動

種類	状態	必要な行動
見込み客	成約を前提とした未取引の方々	成約をめざす、宣伝告知
新規客	成約したお客さま（→既存客）	長く付き合ってもらう
リピート客	何度か成約しているお客さま	付き合いからファン客へ
ファン客	熱い気持ちを持つお客さま	大切に育てていく

ファン客は、「信者客」であり、儲けさせてくれる。地域密着型営業では、代理店を支えるのは、ファン客である。ファン客は浮気せず口コミを広げ、新規客を紹介してくれるたいへんありがたい存在である。

ファン客は、①応援してくれる、②期待してくれる、③信じてくれる、④違いがわかる、⑤愛してくれるのが特徴であるが、大半はリピート客がファン客に育つ。地域密着型営業では、①リピート客の増加、②ファン客の維持と増加、③見込み客から新規客の獲得というのが、営業の優先順位となる。

成約した新規客がリピートし、ファン客になってもらえる流れを仕組みとしてつくる活動が大切である。

(2) ファン客の増やし方

① 人間力でオンリーワンになる

社長以下スタッフ全員が、人間力を高める。自己開示でまず自分から門戸を開き、理解していただくことが最初のステップとなる。

② 人的サービスを強化する

お客さまとのコミュニケーションの頻度と質を上げる。常日ごろからホスピタリティ・マインドにあふれる対応を繰り返すと、お客さまは心を開きファン客になっていく。お客さまの期待しているレベルを少し上回る行動をとる

図表5-10 お客さまの種類と営業の優先順位

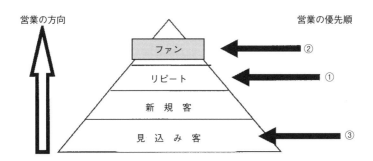

ことで、お客さまは予想外の対応に感動し、信者と呼ばれるファン客となる。

③ ファン客を少しだけ特別扱いする

特別扱いすることで、帰属意識が高まりファン客になっていく。お金をかけるだけでなく、名前をお呼びしたり、社長自ら時間を取り、話をすることで、「大切にされている、他のお客さまとは違う」と感じてもらう。

(3) ファン客の組織化

ファン客に力を最大限に発揮してもらう方法に、ファン客の組織化がある。芸能タレントのファンクラブ、親衛隊やプロ野球の応援団のように、代理店を応援してくれるファン客の集まりが自然発生し、組織化されることである。

4　地域密着型営業の具体的な進め方

(1)　地域への貢献

自社が営業できるのはお客さまあってこそだが、その背後には地域の存在がある。地域との「共存共栄」の精神があり、はじめて自社は成り立つ。

近江商人の商売について「三方よし」という言葉があり、「自社よし、顧客よし、地域よし」と三者がすべてよくなる形を商売の理想とした。お客さまの利益を優先した薄利の商いにより継続した収益を目標とし、地域社会に貢献するという高い社会性も持っていた。

地域のために無償で金銭、労力、情報を提供していると、いつも世話になっているから保険に入るならあの代理店にしようということになる。あくまでも成約を目的として行動するのではなく、続けたことの積み上げの結果が成約につながることで、「Win-Win-Win」の関係が築かれることとなる。

企業の経営理念として、この地で商売させていただいていることに感謝し、地域の方々との交流を大切にする、困っている方があれば損得抜きに支援するといった「先義後利」の精神が必要なのは言うまでもない。

図表5-11 「三方よし」の概念

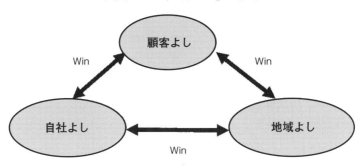

(2) 地域密着型営業における販売促進の具体的内容
① 地域密着型営業の基本姿勢

地域密着型営業において必要なスキルは「自分の町を知る」「自分の町に合った営業方法を選ぶ」ことである。

たとえば、チラシを作ったら、ポスティング会社に依頼せず、自分たちで対象地域に配布する。自分で配布することで、顔を売る機会、地域の方々と話す機会を作り出すと、反応が格段によくなる。また、自分で配布すると、地域在住の顧客像が少しずつ理解できるので、チラシの内容も改善できてますます反応がよくなる。さらに、地域の方と顔を合わせれば挨拶し会話を交わすので、具体的な情報を聞ける可能性が生まれる。

② 訪問営業

訪問営業は、営業推進の中でも最も重要な役割を果たしている。自分から地域に飛び込み、商売する土地を肌で知ろうとすることが重要である。

何といっても、直接お客さまとのコミュニケーションをとるため、貴重な時間と労力をかけるので、十分な準備をして、かつ効率よく行っていく。

③ お礼状の活用

DMの中でも特に「お礼状」は、使い方次第で地域密着型営業推進にたいへん有効な武器となる。ただ送るだけでなく、極力セールス色を出さない、手書きがよいなど、一工夫することが大切である。

④　ニュースレターの活用

ニュースレターの目的は、a）自社のことを思い出してもらう、b）親近感を持ってもらう、c）新たに知ってもらう、d）想いや理念を伝える、e）問い合わせや成約へのハードルを下げることであるが、何よりもニュースレターを通じて親近感や安心感を持ってもらうことが大きい。

⑤　イベントの開催・イベントへの出展

最高のコミュニケーションは、お客さまと直接会って個別に話をすることである。目的は「人間関係を育む」ことにあり、「誰に対して行うか」が重要である。目的意識を持って自ら発信するイベント開催は重要な意味を持つ。労力をかけて、お客さまを喜ばせようとする姿勢は、必ずお客さまに届く。

イベントには目的によりいくつかの種類があるが（**図表5-12**参照）、最近は情報発信の意味で行う教育・啓蒙型のセミナー開催が増えている。

また、地域で開催する各種イベントやフェアなどには積極的に出展していく。単独でイベントを開催するよりも、あらかじめ大勢の人数が集まる場所に出展することで、それまで知り合えなかった方々と巡り合うチャンスが生まれることは、費用対効果の観点からもたいへん有効である。

出展に際しては、自社のターゲットとなるお客さまに自ら接触していただくため、他のブースとの差別化が必要となる。この差別化は、お互いに求め合っているお客さまを見つける意味と、多数の出展者の中で埋もれない意味がある。イベントの多数の参加者すべてに何かを与えても、必ずしも有効な手段とはならず、自社に合った出展方法を十分検討するべきである。

図表5-12　イベントの種類

種類	概要	例
教育・啓蒙型	知識の供与、啓蒙活動	セミナー、講習会
体験型	体験し学ぶ、人間関係づくり	見学会、観察会、祭り
問題解決型	お客さまの問題を解決	保険相談会

(3) 地域貢献活動
① 各種セミナーの開催等個人向け情報提供

自社内の会議室、地域の公民館や地域センターなどの活用で（ただし、保険の販売行為は違法となるので、情報提供に限ることに留意）、安価でお客さま向けの情報提供の場である各種セミナーが開催できる。

セミナーのテーマは、年金、資産運用、介護保険、傷害保険、財形貯蓄、事業承継、相続、健康等であるが、保険会社の講師派遣も活用を検討する。

② 営業支援やリスク対策としての法人向け情報提供

地元企業に対し、コンプライアンスや情報管理などのリスク管理に関するセミナーを開催し、経営に役立つ実践的な企業リスクへの対応方法や社内稟議書等につき情報提供する。

③ 地域に密着したCSR活動

交通事故防止イベントへの協賛、名所や公共施設の清掃活動を定期的に行うなどである。社会貢献活動は、企業の存在意義そのものであり、若手社員の人格形成にも大きな影響を与え、お客さまとの信頼関係も高まる。

④ 地元企業への営業支援や市場創造

地域の企業を会員組織としてネットワーク化し、地域のニーズと企業ニーズをマッチングする中心的役割を代理店が務めるなどの活動がある。単独では経営課題に対応できない中小企業に対し、業務提携や商品開発アイデアを提供したり、地域のコミュニティ誌を発行して地域の家庭に無料配布し、地元の飲食店・不動産会社、あるいはイベント告知で地域活性化に役立っているなどの例がある。

図表5-13 地域貢献活動の種類

種類	概要	例
個人向け情報提供	個人向け知識の供与	セミナー、講習会
法人向け情報提供	法人向け知識の供与	セミナー、講習会
CSR活動	法人の責任としてのCSR	交通安全、清掃
法人向け営業支援	商材紹介、ネットワーク	交流会、マッチング会

(4) セールス・マネジメントの強化

① 教育による営業力強化

　最初から営業が得意という担当者はまれである。お客さまに対する働きかけをするには、ある程度のスキルが必要であり、最初は教育することで身につけさせる。リーダーが率先垂範した行動で部下に示し、あとは部下に任せて責任はリーダーが取ることで、部下が安心して積極的に働ける雰囲気を作り、十分フォローすることが効果的である。

　部下のやる気を引き出して、自ら働くように持っていく。一方的に指導するのではなく、部下の話をよく聞き、やる気を引き出す。

② 地域管理

　担当者ごとに割り当てた地域に対して、「やる気」×「行動する量」の大きさが決め手となる。さらに、行動内容と結果を分析することにより、科学的かつ効率的なアプローチが可能となる。

③ 目標管理と成果分析

　具体的な目標設定と進捗管理を行うが、PDCAとコーチング手法を取り入れて行う。具体的には、a) 年度はじめに部下と面談してよく話し合い担当者の意思を反映した目標設定を行い、b) 日誌と個人面談により途中で進捗管理する。さらに、c) 定期的なコミュニケーションによりフィードバックと反復指導を行って、d) 1つの成功体験を「ノウハウ」の形をとり体で覚えさせることに努め、e) よい事例は他の営業担当者とも営業ノウハウの共有化を行う。

5　【事例】「ならでは」の経営理念で地域密着型営業を実践

(1)　地域密着型の営業推進

　㈱保険ムツゴロウは、福岡県南部を中心に営業を展開しており、そのテリトリーは、店舗があるみやま市とそこから車で40分以内の大牟田市、荒尾市、柳川市などである。地域の高齢化と人口減少が進むなか、社長以下6名の体

第5章●地域密着型保険代理店をめざす

制で地域密着型の営業を進め、堅調な実績をあげている。

社長は、損保代理店開業後、地盤の大牟田市の人口減少と大型化する業界の流れのなかで、行き詰まりを感じていた。経営コンサルタントの支援も受け、従業員、顧客、地域等の環境分析を行った結果、地域密着に徹底的にこだわることにした。

【企 業 概 要】
企業名：株式会社保険ムツゴロウ
　　　代表取締役　西原　英夫
所在地：福岡県みやま市
TEL：0944-85-6256
FAX：0944-85-6255
URL：http://www.hoken6256.com/

「何が何でも、あなたを守ります！」を経営理念として、これを核に「言行一致」を目指した事業を展開しようと決意し再スタートした。

この時、会社名も現在の㈱保険ムツゴロウに変えているが、ムツゴロウという魚の特性にあやかり「地元に感謝し、原点を忘れず、いざという時には闘う覚悟を持ちながら、愚直に歩む」という思いを込めている。

営業方針は、①最適な提案は適切なニーズの把握から、②商品説明は保険用語を使わない、③売込みはしないと、あくまでもお客さまの立場に立った営業を続けている。

㈱保険ムツゴロウ

西原英夫社長

(2) 従業員とのコミュニケーション

お客さまとの関係強化には、社員の平準化が大きなテーマと考え、従業員とのコミュニケーション強化に力を入れている。

① 個室での個人面談

月に1回、給与日の午前中いっぱいの時間をかけて、1人ずつ十分に話を聞き、面談している。日頃のお客さまとのやりとりや抱えている問題、負担となっていることなどがテーマである。

大切なのは、社内の応接室で行っていることである。営業面だけでなく、従業員同士の人間関係の問題点等、他の社員がいる前では話せないことも、個室であればじっくりと話を聞くことができる。

② クレドを使った全員ミーティング

クレドとは、ラテン語で「志」「信条」「約束」を意味するが、昨今のマネジメントにおいては「経営理念」を表す言葉として使用されている。経営理念を持つ企業は多いが、組織の内外に上手に浸透させ、経営の武器として活用している企業は少ない。

同社ではミッション、人間関係の基本等20項目を定めている「保険ムツゴロウBASIC2012」を使用し、毎週月曜日の10時から1時間かけて全員ミーティングを行い、従業員が毎週輪番で1項目ずつ読み上げ、自分の身の回りのことや意見を自分の言葉で発表する。

社長からは、これに対し、自分の考え、トラブル対応や人とのつながり、何を大切にしたらよいかなどの話をしている。結果として、従業員が社長の考え方・思考方法を理解し承認し働いてもらえるため、長く勤めることができるようになる。経験が蓄積され社員のレベルが高位で平準化し、現在では顧客対応をほぼ任せることができるようになっている。

(3) お客さまとのコミュニケーション

㈱保険ムツゴロウでは、お客さまへの働きかけとしては、「当社ならでは」の経営理念「何が何でも、あなたを守ります」を念頭に、マーケティングサ

第 5 章 ● 地域密着型保険代理店をめざす

図表 5-14　保険ムツゴロウのマーケティングサイクル

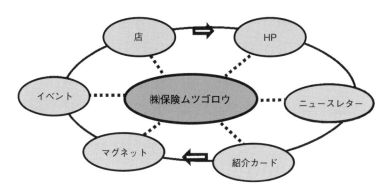

図表 5-15　ニュースレター、イベント、ホームページの関係

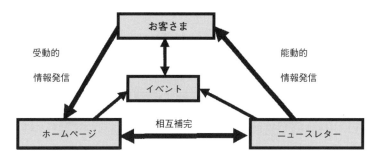

イクル（**図表 5-14**）を回すことで、営業を展開している。

　中心となっているのは、ニュースレターとイベントである。ホームページにも力を入れているが、高齢化が進んでいる地域柄ご年配の方も多く、見る方が限られてしまうので、営業の中心としては考えていない。ただ、決して手抜きはせず、ホームページのブログは月に何度も更新されている。

　ニュースレター、イベント、ホームページは、連動させることを意識して作り込んでおり、内容を互いに活用することでより効果を高めている。

　ニュースレターとイベントの目的は、お客さまに従業員を知ってもらうことが第一で、直接の商品販売ではない。ニュースレターで従業員が普段から

保険ムツゴロウのニュースレター

お客さまに顔や考え方を示していると、初対面でも比較的スムーズにコミュニケーションがとれる。イベントも、直接お客さまと顔を合わせるので、コミュニケーションに重要な役割を果たしている。新規顧客獲得は目的とはせず、既存のお客さまへの具体的な形で提供するサービスと考えている。

① ニュースレター

ニュースレターは、3カ月に1度すべてのお客さまに郵送しており、同社の営業の中核となっている。2016年春号で36号を迎え、従業員の手作りで順調に発行されている。内容は、従業員紹介（顔写真入り）、お客さまの声、お客さまの商品紹介、プレゼント、社長のあいさつなどだが、特に従業員の顔を知ってもらうことが最大の目的である。顔も知らない人が訪ねても相手にされないが、ニュースレターの効果で、社長の代わりに訪問しても認めてもらえ、コミュニケーションがスムーズになってきている。

保険販売には、保険商品の変化、種類の増加、保険会社の対応の変化などがあるので、面談し説明することを大切にしているが、その前段階でニュースレターは大いに効果を発揮している。また、お客さまの声を載せたり、お

客さまの商品を紹介するページを設けている。自社だけでなく、関係者の仕事につながることも目的としているのも、地域密着型ならではの展開である。

② イベント

年1回のお客さま感謝祭をはじめセミナー等も開催しているが、お客さまに対する日頃の取引への感謝・還元として実施されている。最近はイベント参加者も固定化しつつあるが、「なかなか都合が合わない方がようやく参加され喜んでいただけるとうれしい」と、従業員の方も言っていた。

1人でも、来たお客さまに喜んで帰っていただければよいとし、紹介誘導はしていないが、結果としてイベント開催後は最低1～2件は新規顧客の獲得ができる。イベントは会社の横の空き地で実施し、お客さまの商品をプレゼント品や福引の景品として提供し大好評である。

③ ホームページ

㈱保険ムツゴロウのホームページは、お客さまに社長や従業員の人柄を知ってもらうことに力を入れており、保険の商品販売をめざしているわけではない。お客さまとのコミュニケーション手段と考えており、社長のブログや従業員が交代で担当するブログもあるが、頻繁に更新されており、かつ書いている人の人格や考え方がよく表れている。

④ ご紹介カード

お客さまが新約したときや継続したときに、「大切な方に渡してください」といって、ご紹介カードを渡している。他の代理店でも実施されているが、一度渡した方には二度と渡さないというのが当社の特徴である。

新規顧客の紹介をあからさまにお願いするやり方は、コミュニケーションを深めていくという当社方針とは相いれないからである。

(4) 今後の展開

西原社長は、今後について、以下のように地域密着型営業を中心にしながら、環境の変化に合わせて変化させていくと話されている。

① 地域密着型営業

所在地の特性として、土地柄に合わせて地域に密着し、お客さまに信任していただくことが重要と考え活動している。お客さまにいかに「喜んで」「安心して」「任せたい」と思っていただくかを追求し、面談、電話、ホームページなどのツールを活用してお客さまとの接点を多く持つことを心がけている。これは、今後もさらに深めていかなければならないと考えている。

ホームページ

② ホスピタリティ・マインド

当社の営業推進の裏側には、「おもてなし」の心があり、サービスではなく、ホスピタリティにあふれたコミュニケーションをとることで、お客さまに個別に満足していただきたいと考えている。「今後は、さらにホスピタリティ・マインドを持った事務所にしていきたい」という。クレドの活用と仕事を通したコミュニケーションのなかで、個々人が成長できる環境が整ってきており、従業員のレベルアップと社員一丸となった営業展開は、従業員の平準化と相まって大きな力を発揮している。

③ ターゲット

最近、特に個人向け通販が伸びており、個人マーケットは今後ますます厳しくなっていく。激化していく個人マーケットよりも、法人分野に労力をかけるべきであり、代理店はコンサルタント化しないと生き残っていけない。

地元の中小企業に対して、経営上のサポートをしていけるかが課題である。収益に占める比率は、現在個人対法人は半々であるが、今後は法人の比率を7～8割まで増やしたいとのことである。

第6章

ITのフル活用で売上倍増作戦

　最新のITを導入したからといって、それが直ちに業績アップにつながるものではない。経営目標実現のためにITをどのように活用していくのかについて、成功事例を紹介しながら、ソーシャルメディアやモバイル情報機器などの最近のIT動向も踏まえて、IT活用の方策を述べる。

1 保険代理店におけるIT化の現状

(1) 保険代理店におけるIT化の発展

ITをどのように活用するかについて考える前に、代理店において、これまでどのようにIT化が進められてきたのかを振り返ってみたい。

代理店のIT化の進展は、3つの時代に区分できる（**図表6-1**参照）。

① オンライン照会端末導入・普及の時代（1980年代～1990年代前半）

保険会社主導による代理店システムは、1980年に旧安田火災海上保険（現・損保ジャパン）の代理店システムの開発が最初であり、以降各保険会社で同様のシステムが開発され、代理店への導入が進められていった。

当初は、専用端末であったが、パソコンの普及とともに、パソコンを端末として使用する形になっていった。

この時代の代理店システムは、保険契約の照会機能が中心であり、代理店での保険契約内容の確認などで一定の効果はあったものの、システムでサポートする業務範囲は限定的であった。

② オンライン入力システムの時代（1990年代後半～2000年代前半）

1990年代後半、保険の自由化により保険業界の競争が激化するなか、各保険会社では、代理店も含めた業務効率化を図るために、代理店システムの刷新を進めていった。

こうして登場した新代理店オンラインシステムは、従来の代理店システムが保険契約内容の照会中心のシステムであったのに対して、保険契約の入力業務も代理店で行うなど、システムのカバーする代理店業務の範囲を格段に広げるものであった。

③ ITによる代理店業務変革の時代（2000年代後半～）

従来の代理店システムが、保険契約管理を中心とした保険会社の業務効率化のためのシステムであったのに対して、代理店自体の業務改善を図ることを狙いとしたシステム化が、各保険会社で進んできている。

図表 6-1 保険代理店における IT 化発展の歴史

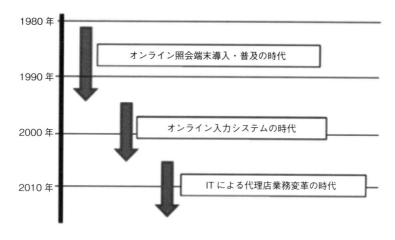

特徴的な機能は、以下のとおりである。

a. 代理店業務の効率化：契約更改処理におけるペーパーレス化など
b. 営業支援への対応強化：保険料試算機能やタブレット端末による保険営業支援など
c. 保険会社と代理店の情報連携の強化：情報掲示板、e ラーニングなど

(2) 保険代理店におけるシステムの現状

前項では、代理店における IT 化の発展について、保険会社との間で使用する代理店システムの変遷を中心に見てきたが、その他のシステムも含めて、代理店で使用するシステムについて整理しておこう。

代理店のシステムは、大きく次の 3 つに分けられる。

① 保険会社との間で使用するシステム

一般に「代理店システム」といわれるシステムであり、保険会社提供のシステムが中心であるが、共同利用型の ASP サービスなどもある。

代理店システムは、契約情報等の照会、保険料計算、契約登録・訂正、満期管理、精算照合、各種情報検索・分析などの機能を有している。

図表 6-2　保険代理店におけるシステム概要図

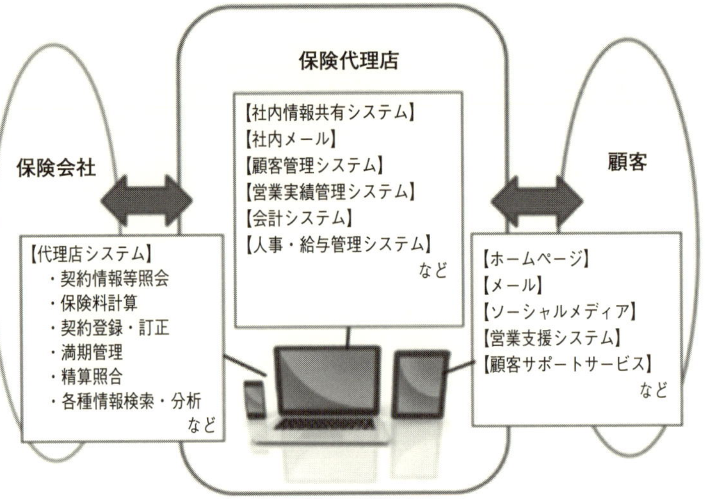

```
                           保険代理店
                    ┌─────────────────────┐
                    │【社内情報共有システム】│
                    │【社内メール】          │
   保険会社         │【顧客管理システム】    │        顧客
  ┌───────┐◄──────►│【営業実績管理システム】│◄──────►┌───────┐
  │       │        │【会計システム】        │        │       │
  │       │        │【人事・給与管理システム】│       │       │
  └───────┘        │              など     │        └───────┘
 【代理店システム】  └─────────────────────┘       【ホームページ】
  ・契約情報等照会                                  【メール】
  ・保険料計算                                      【ソーシャルメディア】
  ・契約登録・訂正                                  【営業支援システム】
  ・満期管理                                        【顧客サポートサービス】
  ・精算照合                                                    など
  ・各種情報検索・分析
              など
```

② 顧客との間で使用するシステム

　従来の顧客とのコミュニケーション手段は、直接対話、電話、郵便などであった。IT化の進展により、携帯電話、メール、ホームページなど多様化している。特に最近では、Facebookなどのソーシャルメディアが有力なコミュニケーションツールとして登場してきている。

③ 代理店の社内システム

　代理店業務を効率的に行っていくためには、顧客管理システムやスタッフの活動状況把握のためのシステムなどが必要となる。

　また、人事・給与、会計などの一般業務も、システムの利用が欠かせない。

　これらのシステムのうち、どのシステムを導入しているか、あるいは導入済みのシステムにどこまでの機能があるのかは、代理店ごとに事情は異なる。しかし、ITに積極投資し、多くの機能を持つ最新システムを導入したからといって、それが直接に業績向上に結びつくわけではない。業績向上に結びつけるために、いかにITを活用していくのかについて、次節以降で述べる。

2　IT戦略の策定

(1) 経営戦略とIT戦略

やみくもにITを活用しようとしても効果はあがらない。経営目標を実現するためにITをどう活用していくのかの方針・方策を、IT戦略として策定することが重要である。

ここでいう「IT戦略」とは、経営目標を実現するためのIT活用の方針・方策であり、中長期的にITの活用をどう進めていくかの青写真である。

経営目標、およびその実現のための経営方針・方策は、「経営戦略」として策定されるので、「IT戦略」は「経営戦略」の一部ともいえ、経営戦略と整合性を持ったものでなければならない。

(2) IT戦略策定の手順

例をあげて、IT戦略策定の手順を見てみよう。

① 経営目標の設定とITを使った達成方策の検討

たとえば、「5年後に売上倍増」を経営目標とするとして、5年後に売上倍増のためには、年15%程度の売上増が必要である。仮に契約継続率が年95%だとすると、毎年2割程度、新たな契約の積み増しが必要となる。

前年売上の2割にあたる新たな契約を獲得するためには、どうしたらよいか。新規契約を増やしていくためには、**図表6-3**の方策が考えられる。図表6-3の方策の中で、どの方策に注力していくかは、自社の強み・弱みや最近の業界動向・IT動向などを考慮して決定する。

図表6-3の中の「新規顧客の獲得」のためのIT活用施策であるインターネット広告やSEO対策のためには、資金力も必要である。

そこで、自社の資金力を考慮して、インターネット広告やSEO対策は特に対応しないこととし、新規顧客獲得策としては、既存顧客からの紹介に注力するという選択も視野に入れていく。

図表6-3　契約獲得推進のための方策

目　的	経営施策例（IT関連以外）	IT活用施策例
新規顧客の獲得	・既存顧客からの紹介 ・各種イベント・セミナー　など	・インターネット広告 ・SEO対策　など
既存顧客との取引拡大	・外訪活動 ・DM　など	・顧客データベースの活用 ・ソーシャルメディア・マーケティング　など
営業体制整備	・営業力強化　など	・営業支援のためのITツール整備　など

　また、自社代理店システムに多くの顧客データがあるにもかかわらず、これまでそれを有効に使ってこなかったのならば、今後そのデータの有効活用に注力することで、大きく契約を伸ばすことが期待できる。
　このようにして、「5年後に売上倍増」のための方策について、IT以外の方策とIT活用の方策とを関連づけて、検討・決定していく。
　② 最近のIT動向をふまえた経営施策の検討
　IT戦略策定にあたっては、最近のIT動向をふまえて、施策を検討する必要がある。そこで、契約獲得推進の観点からIT動向を見てみよう。
　保険営業の現場では、最近「顧客接点強化」「顧客との関係性向上」の必要性がさけばれている。顧客との接点を増やし、顧客との関係性を高めるための最近のIT活用の動向として、以下のような状況が見られる。

- インターネットを利用した顧客とのコミュニケーション手段は、従来、メールやホームページなどが使用されてきたが、最近Facebookなどのソーシャルメディアの利用者が急速に増加している。企業においてもソーシャルメディアを顧客とのチャネル強化に利用する例が増えている。
- 情報機器の小型化が進み、携帯性に優れたスマートフォンやタブレット端末などのモバイル情報機器が普及してきており、モバイル情報機器を使った営業活動も増えている。

　経営目標達成のために、顧客接点強化をめざすのであれば、**図表6-4**にある「リアル（営業現場）の世界でのモバイル情報機器の活用」「ネットの

第 6 章 ● IT のフル活用で売上倍増作戦

図表 6-4　顧客接点における最近の IT 動向

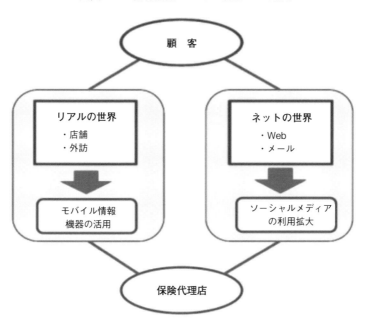

世界でのソーシャルメディアの活用」は、重要な施策となる。

③　IT 活用のための社内整備方策の検討

　最近の IT 動向をふまえて「ソーシャルメディア」「モバイル情報機器」の活用を進めるとしても、ただ単に Facebook を始めたり、モバイル情報機器を導入したりしただけでは、新規契約増加といった成果には結びつかない。

　新規契約獲得のためには、どういった相手にどういった保険商品を勧めていくのかが重要であるが、ソーシャルメディアやモバイル情報機器だけでは、その解決策にならないからである。そのため、社員が社内のデータや IT をうまく活用できるよう体制整備を図る必要がある。

④　IT 戦略のとりまとめ

　このようにして経営目標達成のための IT 活用施策を検討した結果として、たとえば、主要課題を以下のとおり整理したとする。

> 5年後に、売上○円、利益○円を達成するために・・・
> 1. ターゲット先選定のためのIT活用：代理店システムの活用
> 2. ファンづくりのためのIT活用：ソーシャルメディア・マーケティングの推進
> 3. 営業活動におけるIT活用：モバイル情報機器の活用
> 4. IT活用推進のための体制整備：IT活用リテラシーの向上など

　このIT活用の主要課題への対応が、いかに経営目標の達成に結びつくかを図式化するとわかりやすい。図式化には、さまざまな方法があるが、バランススコアカードを使ったIT活用戦略マップの例（**図表6-5**）を示す。

　さらに、IT活用戦略マップに示されたIT活用について、1年後、2年後、3年後のあるべき姿を目標として定めて、アクションプランに落とし込み、IT活用のロードマップを作成する。各時期での達成度の評価指標として、KPI（重要業績達成指標）を設定するとよい。

　こうして策定されたIT戦略を社員などに示すことで、関係者共通の経営課題となり、全社をあげてのIT活用推進が可能となるのである。

(3) IT戦略のPDCA

　IT戦略は、策定するだけではだめで、実際に目標どおりにIT活用が進んでいるか、チェックする必要がある。
　KPIの達成状況などを見て、必要があれば対応の見直しをする。
　こうしたPDCAによる継続的改善がIT戦略実現の肝となる。

3　IT活用の実践

(1) 代理店システムの活用

　IT活用をどのように行っていくかは、それぞれの経営戦略・IT戦略によって異なるが、本節では、(1) 代理店システムの活用、(2) ソーシャルメディア・マーケティング、(3) モバイル情報機器の活用について説明しておこう。

第6章 ● ITのフル活用で売上倍増作戦

図表6-5 IT活用戦略マップ

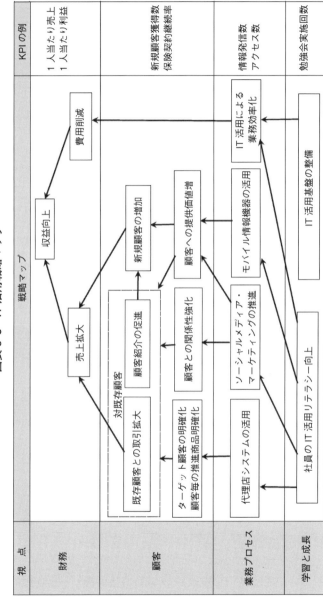

図表 6-6　代理店システムの機能

サービス種類	主な機能
顧客管理	・顧客情報名寄せ機能、登録、訂正機能
	・顧客情報照会機能
契約管理	・契約登録・訂正機能
	・契約情報照会機能
	・満期管理機能、事故情報管理機能
	・保険料計算機能
精算管理	・精算照合機能、収支明細表作成機能
活動管理	・営業活動管理機能、工程管理機能、目標管理機能
情報活用	・マニュアル、規定、約款、成功事例などの営業支援情報提供機能
	・掲示板、電子メール等のコミュニケーション支援機能
	・e-ラーニング
	・情報検索・分析機能
	・代理店ホームページ作成支援機能

① 代理店システムの機能とその活用

代理店システムの機能は、システムによって異なるが、おおむね**図表 6-6**の機能を持つ。

自社の持つ代理店システムの機能を洗い出したうえで、それらの機能をフル活用しているかどうかを、自己評価してみるとよい。

たとえば、情報検索・分析機能は、「地震保険に入っていない顧客は？」「積立こども総合保険の販売が見込める家族構成の先は？」など、ターゲットとなる顧客を選定するためのツールとして非常に有効である。これまで、あまり活用していないようであれば、積極的に活用するよう改める。

② 登録データの整備

代理店システムを積極的に活用していこうとの方針決定をしたとしても、その登録データが不正確であれば、使おうにも使えない。

特に、顧客データは、見込み顧客も含めて、収集した最新の情報でデータを更新していくことが、代理店システムの情報検索・分析機能を、より有効に機能させることにつながる。

(2) ソーシャルメディア・マーケティング

① ソーシャルメディア・マーケティングとは

　Facebookなどのソーシャルメディアの利用者が急増していることを受け、ソーシャルメディアを顧客とのチャネル強化に利用する企業が増えてきている。こうしたソーシャルメディアを利用した顧客とのチャネル強化を「ソーシャルメディア・マーケティング」という。

　ソーシャルメディアは、利用者同士のつながりをサポートするコミュニティ型のインターネット上のサービスであり、Facebook、ブログ、Twitter、YouTubeなど、さまざまなサービス（**図表6-7**）がある。

　ソーシャルメディア・マーケティングに力を入れる企業が増えてきているのは、利用者とのつながり促進機能を持つソーシャルメディアを活用すれば、顧客との関係性を高めることができるためである。

　特に保険商品は、食品・日用品などの商品とは異なり、いったん保険に加入すると顧客の日常的な関心度は薄れていく。保険代理店にとっては、保険契約後も顧客との接触頻度を高め、関係性を維持していくことが重要であり、ソーシャルメディアはそのための有効なツールである。

図表6-7　代表的なソーシャルメディア

種類	概要	例
SNS	ソーシャルネットワークサービス。インターネット上で人と人との交流を支援し、情報交換や会話などコミュニケーションをすることが目的のサイト。	実名系：Facebook 匿名系：mixi モバイル系：LINE
ブログ	時系列に並べられた日記風の記事と、それについてコメントが行われるサイト。	Amebaブログ、Yahooブログ
マイクロブログ ミニブログ	文字数制限のあるメッセージの投稿サイト。多くの情報を伝えることはできないが、トピックス的情報を配信し、目的のページやコンテンツへの誘導はできる。口コミによる伝搬力がある。	Twitter、mixiボイス
動画共有サイト	インターネット上で動画を投稿・視聴するサイト。	YouTube、ニコニコ動画
写真共有サイト	インターネット上で写真を共有するサイト。	Flicker、Picasa

図表6-8 保険商品に対する関心度

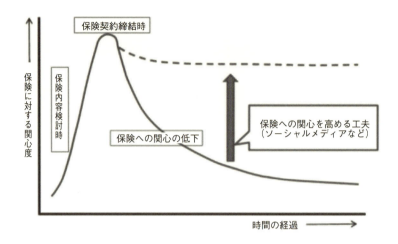

　以下では、ソーシャルメディアの活用をどのように進めていくのがよいのかについて述べる。

② ソーシャルメディア活用の目的、ターゲットユーザー

　ソーシャルメディアを利用して大量の情報発信をしても、どういう目的でソーシャルメディアを活用するのかが明確でないと、効果は上がらない。その目的によってソーシャルメディアの活用方法も異なってくる。
　たとえば、
- 社長の個人的人脈を広げることにより、顧客拡大をめざすのであれば、社長のブログを会社のホームページにリンクするなど、社長のブログの露出度を高めることが有効
- 顧客の抱える課題・悩みを聞いて対応することで顧客満足度を高めるのであれば、Facebookなどによるインタラクティブな情報交換を進めるのが有効

　このようにソーシャルメディア活用の目的を明確化したうえで、さらに、どういった先をターゲットユーザーとして情報発信していくのかを決めてお

く必要がある。ターゲットユーザーは、どういう人で、どういう種類の情報に興味を示すのかをイメージしておくことで、発信した情報に共感するファンを増やしていくことができるのである。

③　メディアミックスでファン拡大を

ソーシャルメディアには、**図表6-7**のとおり、さまざまなサービスがあるが、どのサービスを使えばよいのであろうか。結論をいうと、どのサービスにも一長一短があり、どれか1つのサービスを選択するのではなく、サービスを組み合わせて使う「メディアミックス」が有効である。

図表6-9のメディアミックスの例でいうと、
- 伝搬力はないが、体系立って情報発信できるブログで情報発信する
- 短い情報しか送れないが、伝搬力のあるTwitterにより、ブログで発信した情報の拡散を図る
- セミナービデオなどの動画コンテンツはYouTubeを使う
- 実名によるソーシャルネットワークサービスであるFacebookで、情報の蓄積と対話を行う
- それらの情報をホームページともリンクし、情報連携する

図表6-9　メディアミックスの例

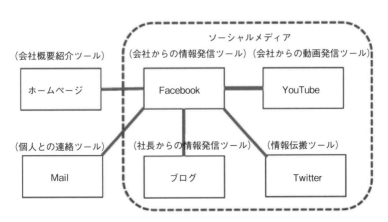

ただし、多くのソーシャルメディアを使用・継続していくためには、それに合わせた運用体制の整備が必要であり、自社で構築できる運用体制を考慮したうえで、使用するソーシャルメディアを決定する必要がある。

④　ソーシャルメディア活用の効果検証でPDCAを

ソーシャルメディアによる情報発信に対して、それを見た人がどのような反応であったかを確認し、投稿内容の改善を図っていくとよい。

投稿記事を見た顧客から感想を聞くのもよい方法であるが、ソーシャルメディアに付属する効果測定ツール（たとえばFacebookの「インサイト」）を利用するのも有効である。

⑤　ソーシャルメディア推進体制─「継続は力なり」

ソーシャルメディアは、相手との関係性の構築を促進するツールではあるが、その関係性構築には相応の時間がかかり、継続的に情報発信していくことが必要となる。実際に、一定のファンのついているソーシャルメディアは、継続的に情報発信がなされているものである。

「ソーシャルメディアのビジネス活用で失敗する99％は、継続できないこと」ともいわれ、これを乗り越えないと成功はない。

ソーシャルメディアを始めるにあたって、いかに継続していくかを、社内体制も含めて検討する。

⑥　ソーシャルメディア外での交流が顧客との関係性をより深める

ソーシャルメディアは、顧客との関係性を高めるのに有効ではあるが、誕生日にグリーティングカードやお祝いメールを送ったり、実際にお会いしたりすることで、顧客との関係性をより深めることができる。

セミナーや交流会などを企画してソーシャルメディア利用者を招待するなど、リアルでの交流の機会を増やすことが、ソーシャルメディア・マーケティングをより効果的なものにする。

図表 6-10　ソーシャルメディア活用の PDCA

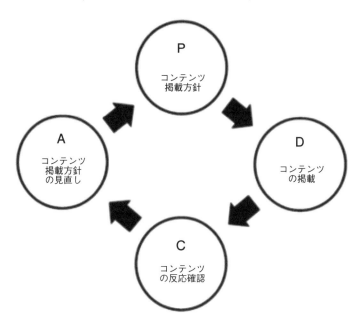

(3) モバイル情報機器の活用

① モバイル情報機器の特徴

2007 年の iPhone、2010 年の iPad の登場以降、スマートフォンやタブレット端末の利用が急速に拡大している。こうしたモバイル情報機器は、**図表 6-11** のような特徴を有している。

以下、保険代理店でのモバイル情報機器の活用事例を紹介する。

② タブレット端末を利用した営業サポート

顧客との対面での保険コンサルティング力強化のため、営業担当者にタブレット端末を使用させる例が増えている。

営業用タブレット端末を使用することにより、以下のような顧客接点強化・営業活動効率化が可能となる。

- 保険内容を、電子パンフレット、動画、シミュレーションなどにより、

図表6-11　モバイル情報機器の特徴

特　徴	説　明
携帯性	小型・軽量で携帯しやすい
操作性	タッチパネルによるビジュアルなインターフェースをもつ
インターネットとの接続性	インターネット通信による情報検索・参照機能、メール機能をもつ

図表6-12　タブレット端末を利用した営業サポート

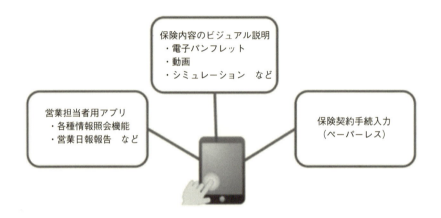

- ビジュアルに説明できる
- 保険契約手続が、ペーパーレスによりその場でできる
- 営業担当者において、外出先から顧客や保険に関する各種の情報照会や営業日報報告ができる

　こうした営業用タブレット端末は、単に導入しただけでは、十分な効果を発揮できない。勉強会・ロールプレイングなどにより、タブレット端末を使ってどうプレゼンテーションするかを営業担当者に教育し、プレゼンテーション力を高めていくことが重要である。

　③　スマートフォンを利用した顧客サービス向上

　スマートフォン利用者向けのサービスとして、次のような事例が見られる。

- ホームページをスマートフォンからも利用可能とする
- 自動車の事故や故障時にドライバーをサポートするアプリなど、スマートフォン用アプリを、顧客に提供する
- スマートフォン経由で顧客からの保険申込みを可能とする

こうしたスマートフォン利用者向けのサービスを紹介することで、顧客との関係性も強くなる。

4　IT活用のための社内整備

(1)　IT活用リテラシーの向上 ── ITを生かすも殺すも「人」次第

　ITはツールであり、ITを活用できるかは、使う「人」にかかっている。最新の情報機器を導入しても、それを活用しなければ、導入効果はあがらない。たとえば、代理店システムへの顧客情報登録が、いかに会社にとって必要であるかがわかっていないと、登録がいい加減になり、結局代理店システムの顧客情報が活用できないということになる。

　こうした事態を防ぐために、社長自らがITの活用がいかに会社にとって必要であるかを社員に説き、勉強会を通じてIT活用の成功事例を紹介するなど、社員のIT活用リテラシーを醸成することが重要である。

(2)　信用失墜を招かないためのシステムリスクへの対応

　顧客情報などの情報の紛失・漏えいが発生すると、損害賠償などの問題が発生するだけでなく、企業としての信用も失う。

　こうした事態が生じないよう、「情報セキュリティポリシー」を明確にして、ウイルス対策などのセキュリティ対策を講じる。同時に、情報セキュリティについての勉強会を開催するなど、社員の情報セキュリティ意識を高めることが必要である。

(3) IT活用基盤の整備

社員が情報を有効に活用し、業績を上げていくためには、営業活動状況などの社内情報や社内のルール・マニュアル・ノウハウ集などが共有化できる環境が必要である。

そうした情報活用基盤の導入・整備は、保険会社主導で行われる例も多いが、自社に合った基盤整備を独自に進める方法もある。こうした自社で独自に基盤整備する場合は、社内にプロジェクト体制を構築し、外部業者やアドバイザーなどを有効に活用して、プロジェクト管理をしっかり実施する。

5 【事例】IT活用の実践企業

(1) 保険ショップとITの融合で地域トップ代理店に
① 専属代理店による来店型ショップ「やさしい保険ショップ」

光保険サービス㈱は、損保ジャパングループの専属代理店として、損保ジャパンブランドを前面に押し出した保険ショップ「やさしい保険ショップ」を拠点にして、業績を伸ばしてきた群馬県のトップ代理店である。

社長の上原政弘氏が保険業界に入ることを決めたのは、大学の就職活動のとき、保険会社の入社案内で、「弁護士、医者とともに保険代理店をそばに置くのが基本」という欧米の姿を知ったことがきっかけだった。お客さまの相談に応じて最適の保険を考え、助言する欧米の保険コンサルタントにあこがれて、将来の独立を前提に安田火災のフロンティア研修制度に入り、必要なノウハウを蓄積したうえで、24歳にして同社を設立した。

社長がめざすのは、欧米の保険コンサルタントのように、「地域の皆様に必要とされ、信頼される保険代理店」であり、その「信頼」を得るための核と位置づけているのが保険ショップである。

同社は、来店型保険ショップがまだめずらしい2005年に早くも高崎市内のショッピングモール「ミスターマックス倉賀野」に保険ショップをオープンし、その後2007年に「けやきウォーク前橋」、2012年に「ウニウス高崎」と、

新たなショッピングモールに移転して、現在に至っている。

保険ショップは、新規顧客開拓というよりは、既存のお客さまにじっくりと腰を据えて説明を聞いていただく環境を整える目的で構えたものであり、お客さまの利便性を高める意味から、365日年中無休で営業している。

① お客さまの信頼を得るためにソーシャルメディアをフル活用

保険ショップと並んで、お客さまの信頼を得るための同社のもう1つの柱がITである。

保険ショップをオープンした当初は、まだ同社の知名度がな

【企業概要】
企業名：光保険サービス株式会社
　　　代表取締役　上原　政弘
所在地：群馬県高崎市
TEL：027-364-3338
FAX：027-364-9864
URL：http://hikarihoken.com
設　立：1996年2月

やさしい保険ショップ

かったこともあり、業績不振にあえいだという。当時来店されたお客さまから、「ここはいったいどういったところなのでしょうか？」とか「新しい保険会社ですか？」と尋ねられるなど、同社の思いを伝えきれないでいた。

そこで、社長が力を入れてきたのが、IT、特にソーシャルメディアによる情報発信である。

会社のホームページだけでは、社長の思いを十分伝えきれない。まず取り組んだのが、社長ブログ「もっと光保険」であった。「もっと光保険」は、社長が名刺交換した方をターゲットに、自分の思いを伝えていきたいとの考えから、保険ショップオープンの2005年当時から継続している。今や当該ブログは人気ブログランキングの上位を占めるまでになっている。

最近では、Facebookの利用者が増えてきたことから、2011年からは同社Facebookでイベントなどの情報発信にも取り組んでいる。

こうした、ITへの取組みが奏功し、お客さまの支持を得て、保険ショップをオープンした当初の業況不振を脱することができ、同社は今や地域トップクラスの総合保険代理店に成長するまでになっている。

② 保険ショップとITを中核としたお客さまと多面的につながる仕組み

同社がここまで発展してきたのは、保険ショップとITによる情報発信を、お客さまから信頼を得るための中核としているからだ。そのうえで、経営理念である「『ありがとう』その一言が私たちの誇りです」を合言葉に、外訪活動、各種イベントや保険セミナーの開催、電話・DMによるフォローなど、お客さまと多面的につながり合う仕組みを推進してきたことによる。

「ショップだけでもダメ、ITだけでもダメ」「ショップとITとを融合させ、さまざまな活動を通じて地域のお客さまに光保険サービスの取組みを知ってもらい、喜んでもらうことをめざしていったら、お客さまが動き出し、成績が急速に伸びていった」という。その社長の言葉に、保険代理店が発展していくための「経営の基本」が表れているといえよう。

(2) 光保険サービスに学ぶIT活用術

① IT活用の目的を明確にし、目的に向かって継続努力

同社のIT活用のなかでも、特にお客さまの支持を増やすことができた最大の要因は、10年近く続けてきている社長ブログである。社長ブログは、「名刺交換した方に自分の思いを伝えていきたい」との考えから始められたもので、情報発信の目的、ターゲットは明確であった。

社長ブログには、「昨日より成長した今日を」「どこを向いて仕事をしているのか？」といった社長の思い・考え方を伝える記事が中心で、保険商品勧誘のための記事などは見られない。このように名刺交換した方に自分の思いを伝えるという目的に沿って、情報発信を続けてきたことが、お客さまの支持を増やすことができた最大の要因であると考えられる。

② IT活用推進に向けたPDCA

同社では、現在、ITによる情報発信としては、ホームページ、Facebook、

図表 6-13　お客さまと多面的につながり合う仕組み

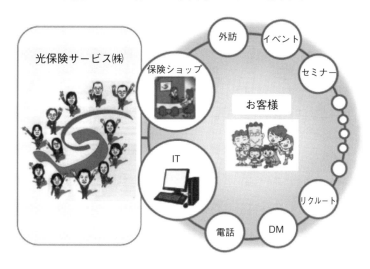

社長ブログで対応しているが、これまで他にも IT 活用の試みを行ってきた。

　ホームページの検索順位を上げるための SEO 対策、テレアポなども試してみたが、効果があがらずに断念したという。

　また、メールマガジンを発行し、イベントなどの紹介も行っていたが、お客さまになかなか読んでもらえない状況が続いた。2011 年からは、イベントなどの紹介を、お客さまが好きなときにアクセスして「いいね！」といった反応を返せる Facebook に切り替えて情報発信している。

　社長ブログ記事についても、お客さまに会った際に、それとなく反応を聞き出し、記事内容の参考としている。

　こうした IT 活用の効果状況やお客さまの反応を見ながら、対応改善を図ってきたことが、IT 活用の成功につながったものと考えられる。

　③　IT による情報発信とリアルな交流との相乗効果

　同社では IT を重視しているが、IT のみではうまくいかないと、社長はいう。店舗その他での対面による交流があってはじめて、IT による情報発信は生かされる。同社で見習うべきは、**図表 6-13**「お客さまと多面的につな

図表6-14　光保険サービスの情報活用サイクル

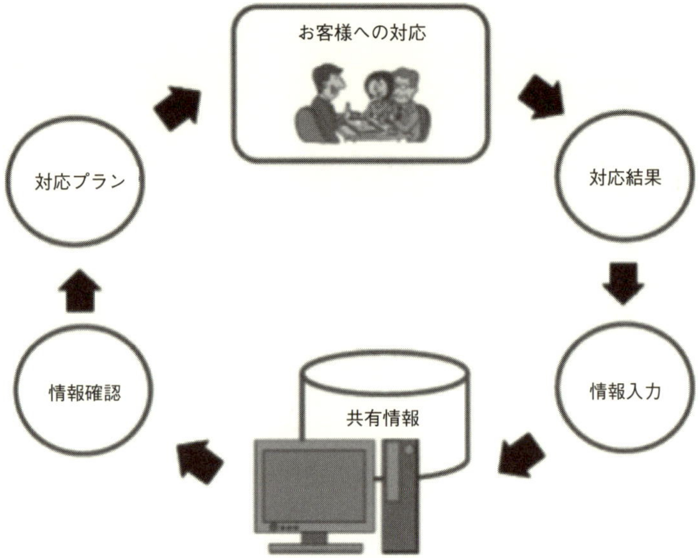

がり合う仕組み」の中でのIT活用である。

④　「お客さまと多面的につながり合う仕組み」を支える情報活用

　お客さまの来店、イベントなどへの参加の状況や各スタッフの作業進捗の状況などの報告事項、スタッフへの連絡事項は、「ひかりほけん・メンバーページ」にパソコン入力し、スタッフ全員が情報共有できるようにしている。

　また、来店やイベント参加されたお客さまの情報は、顧客データベースに管理され、そうした情報を使って、礼状・電話・DMなどでお客さまのフォローを行っている。

　このように同社には、**図表6-14**に示したように、社内の情報を共有し、情報を有効に活用していく体制が構築されている。

　同社のこうした地道な情報活用努力が、お客さまとの「多面的なつながり」を促し、お客さまの支持を得ることで、同社を地域トップ代理店までに成長させた原動力となったと考えられる。

「点」から「店」へ 強い会社組織の構築

　本章では、損保代理店において、社内が活気に満ちあふれ、社員1人ひとりが生き生きと仕事に取り組めるよう、優れた会社組織へと転換させる方法について考える。
　いかにして組織と社員をモチベートして、将来にわたり永続的にお客さまに価値提供を行えるか、ポイントや取組み事例について取り上げていく。

1　「点」の集合体としての代理店経営の現状

(1)　M&Aの繰り返しによる代理店の大型化

　近年、損害保険会社の代理店政策により複数の代理店をM&Aで統合し、より大きな代理店として事業活動をさせるケースが多くなっている。統合される代理店は、1人または少人数で経営している代理店である。M&Aにより経営母体が大きくなることで、収入保険料を一定水準以上の規模とし、損保会社が行っている代理店ランクでは上位にポジショニングされる。

　代理店の統合・集約により、損害保険会社側では、代理店のマネジメントの集中化とコスト削減が図られる。代理店側では、上位へポジショニングされるメリットとして、保険契約ごとの代理店への手数料率が大きくなる。

　M&Aで統合される代理店側の動機には、独立した小規模の代理店でいるよりも、規模の大きな代理店に吸収されることにより、得られる収入が多くなることがあげられる。

(2)　保険代理店における販売再委託の禁止

　金融庁では2015年より保険代理店への規制を強化している。代理店が雇用関係にない委託型募集人に販売させることを全面的に禁止するという「再委託禁止の厳格化」である。これは、保険商品の販売において、不十分な商品説明や、高齢者への高額商品の販売など、不適切な営業が横行していたことに対し、保険商品の契約者保護を目的としたものである。

　損保代理店は、委託型募集人を指導・管理できる雇用・派遣・出向の形態で使用人要件を充足させるか、契約を解除するかの選択が必要となった。

　契約解除された委託型募集人は、自身の保険契約顧客の権利を代理店に売って廃業するか、個人代理店へ移行して業務を継続するか、数名集合し新たな代理店法人を設立して業務を継続するか、の選択が必要となった。

　使用人関係の充足における派遣・出向は、その派遣元企業、出向元企業の

第7章 ●「点」から「店」へ 強い会社組織の構築

図表7-1 M&Aによる代理店大型店化のビジネスモデル

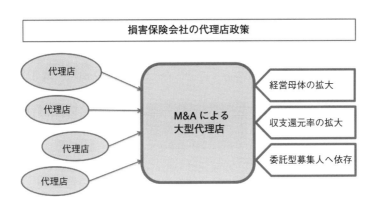

図表7-2 金融庁による委託型募集人（再委託販売）の全面禁止

損保代理店は、保険商品を販売する人的リソースの活用方法を抜本的に見直すことになった

確保（委託型募集人を雇用する企業）が、実質的には困難と思われる。

　損保業界では、現・所属代理店と現・委託型募集人と所属保険会社との3者間で新たな契約を結び、現・所属代理店が統括代理店となる方法が検討された。そして、個人代理店として独立させた子代理店に対する教育、指導、管理を徹底する。この3者間スキームは、子代理店が乗合いできないこと、および、統括代理店の管理負担が大きく、実質的な使用人関係と見なされる可能性もある。

　本章では「正社員化」により委託型募集人の適正化を図ることを念頭に、モチベーションを向上させ、会社の一員として共通目的を共に達成してくれる、組織へ貢献する主従関係へと変貌させていくことを検討する。

(3) 委託型募集人を正社員化した場合の留意事項

　金融庁通達による再委託販売の全面禁止に対応するために、損保代理店として委託型募集人を正社員に転換したケースが多いと思われる。

　従来の委託型募集人は、1人または少人数で行っていた代理「点」の時代からの顧客をそのまま経営統合される代理店に、自分の顧客（市場）として引き継ぐ傾向にあった。

　それだけでも、M&Aによる規模のメリットの享受を受けて、収入が増えるメリットがあった。販売実績により報酬が決まる正社員の場合は、自ら引き継いできた顧客を中心とした限定された自己市場規模の営業範囲に留まり、毎年の損害保険の継続契約に終始しがちとなる。

　委託型募集人が正社員化した場合は報酬が固定給になることから、自己市場の維持ですらおろそかになる可能性がある。そのため、組織としての代理店への貢献意欲やモチベーションを上げる対策が急務である。

　さらに留意する事項として、転換された正社員の高齢化があげられる。長きにわたり、1人で代理店業務を行ってきた委託型募集人は、平均的に年齢が高く、一般企業における定年後の年金受給者層に相当する人もいる。

　このため、従来の収入が少し増える程度で大きく満足し、新しい市場・顧客の開拓に挑戦するモチベーションも上がらない。古くから付き合いのある顧客を中心に、フォローと継続契約を中心とした営業スタイルであった。

　この当該社員が高齢化により第一線を退くときにも注意を要する。委託型募集人は自分の顧客を中心とした営業活動であったため、契約手続など最小限の事務作業のために代理店に出向いていた。顧客との関係性は当該社員の属人的営業活動にすべて委ねられており、当該社員が代理店を引退するときには、その顧客も代理店から離れてしまう顧客継続リスクが考えられる。

　委託型募集人を正社員化した場合は、担当顧客を若手社員に引き継がせるなど、組織としての顧客対応にも取り組む必要がある。

図表 7-3　委託型募集人を正社員化するときの留意事項

(4) 新たな取組みに着手できない組織硬直化を打破する

これまでの、規模のメリットだけを追求した委託型募集人から転換した社員中心の代理「点」の集合体では、経営組織である代理「店」として行いたい新たな取組みへの着手にも、賛同や協力をなかなか得られない。

短期的な成果に期待する「点」の集合体を改め、中長期的な成果を得ていくためには、所属する組織である代理「店」の発展成長に仕向けた社内活動に、社員全員を巻き込むことが重要となる。

委託型募集人から転換した社員に大きく依存した年齢層の高い組織体制から、代理店で新規採用した生え抜きの若手社員の比率を高めていくことが求められる。真剣に成長性のある強い会社経営につなげていくため、組織硬直化を打破すべく取り組んでいく必要がある。

図表 7-4　代理「点」から代理「店」へ、組織硬直化を打破

```
集合体の      組織硬直    経営組織の    中長期思考への転換
代理「点」  →  の是正  →  代理「店」    社内活動へ巻き込み
                                      若手社員の比率向上
```

(5) 代理店経営におけるサービス・マーケティング

損保代理店経営は損害保険の代理販売業であるが、単なる販売営業ではな

く、お客さまの抱えるリスクを低減させるための情報提供や、最適な保険選択を支援するサービス業である。このサービス業としての高い成果を得るためには、購買する顧客の満足度に加えて、顧客への価値を創造する社員の満足度も高めることが求められる。それにより、高いサービス提供ができて、結果としての保険契約率の向上につながるといえる。

　保険商品のような見えない商品（無形財）を売るためのマーケティングをサービス・マーケティングという。代理店と顧客の間に立つ接客要員をコンタクト・パーソネル（CP：Contact Personnel）と称して、代理店と顧客間のマーケティングをエクスターナル・マーケティング、代理店とCP間をインターナル・マーケティング、CPと顧客間をインタラクティブ・マーケティングと分ける。サービスを売るためには、代理店と顧客のエクスターナル・マーケティングだけでなく、CPの従業員満足度を高め、顧客との接点を強化するインタラクティブ・マーケティングが重要なのである。

　損保代理店でのサービス・マーケティングとして、保険販売員（社員）の代理店経営への帰属意識を高め、情報共有や福利厚生などによる従業員満足度を上げ、いかに組織への貢献意欲を高揚させていくかを考える。

図表7-5　代理店経営におけるサービス・マーケティング

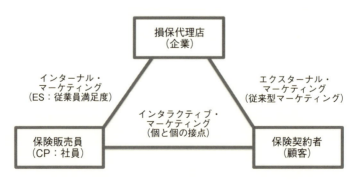

2　強い代理店をめざした組織・人材の再編成

(1)　最初に組織構造の再点検から着手しよう

　成り行き的に成長した代理店では組織および、権限・責任・役割が不明瞭になる。また、社長自らが多くのことに直接関与し、日々の営業活動に忙殺され、経営がおろそかになるケースも見受けられる。

　そこで組織構造の再点検（できていない場合は見直し）として、階層構造と部門構造の2面より整理を図る。

　階層構造とは縦の関係性であり、「経営層」「ライン」「スタッフ」の3つの階層で単純化を図り、それぞれの役割と秩序を明確化する。

　損保代理店における経営層は、経営戦略（目標）を策定し、予算・店舗・販促グッズ等の資源整備とラインへの配分を行い、ラインの実行状況をモニ

図表7-6　損保代理店における組織構造

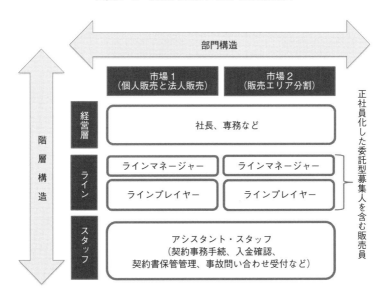

タリング（統制）していく役割を担っている。損保会社や行政機関などの社外ステークホルダーとの調整についても機能する。

損保代理店におけるラインは、損害保険を顧客に販売をする主力部隊である。経営層から提示される経営戦略（目標）を深く理解して、実行計画に落としこみ、これを遂行する役割にある。ライン内にもラインマネージャーが存在し、経営者からの指示待ちではなく、権限委譲により、ラインプレイヤーの業務遂行を指揮する。

損保代理店のスタッフとは、ラインの職務をサポートする部門である。ラインが営業活動に専念できるよう、事故問い合わせ受付や、契約事務手続、入金確認、契約書保管管理、などの付帯作業を一手に引き取るアシスタント・スタッフを配置すべきである。

部門構造とは横の関係性であり、主力部隊となるラインの分割指針を、市場や機能でわかりやすく一貫性を持って行う。これによりライン内での役割の重複排除を図り、割り当てられた市場や機能において最大の成果を達成すべく目標と責任を持って取り組める。

損保代理店のライン分割指針としては、販売する顧客の市場をどのようにとらえるかで分ける。たとえば、「個人販売と法人販売での分割」、「販売するエリア地区別の分割」、「損保販売と生保販売での分割」などが考えられる。

図表7-7　損保代理店におけるライン分割指針の例

| 個人販売と法人販売 | 販売エリア地区分割 | 損保販売と生保販売 |

(2) 社長の強い右腕となるキーマンをポジショニングする

損保代理店では、トップである社長の強いリーダーシップが重要となる。事実、年間の保険収支が3億円前後の損保代理店（社員数10人程度）においては、社長自らが一番の売上を誇る営業活動を行うし、決算経理や採用人

事などの庶務的作業を行い、最終的な経営判断も行う。

このように、社長1人の多忙かつ優れたマネジメント力・営業力に頼った組織では成長には限界があり、社長が行っている業務をサポートできる新たな人材の確保が不可欠である。また、顧客のリスクを緩和する保険サービスを未来永続的に提供できる社会的責任として、社長が第一線から引退するときを見据えた後継者の育成も必要である。

そのためには、損保代理店の社内から、問題意識の高い1名を「専務」に任命（ポジショニング）して社長の右腕とする。社長が常日頃行っていることを見せて、一部業務のサポートを行わせながらの意思決定能力の向上、さらには、社長の持つ人脈に会わせるなど経営力の育成を図る。

(3) 代理店への組織化と参画意識を高める

報酬だけで結びつけられた代理「点」の集合体から、共に成長を続け、大きな成果を達成できる代理「店」に転換するためには、構成メンバーによる強い組織化に向けた参画意識の醸成が不可欠である。

強い組織を構築するためには、①共通目標、②貢献意欲、③コミュニケーション、の3大要素が重要となる。

図表7-8　損保代理店における強い組織構築の3大要素

共通目標には、損保代理店の年間総収支額や、損害保険会社が行う代理店評価制度での到達ランク等、社員にとってわかりやすいものがよい。その目標を達成するために社員個々の活動がどのように関連するかを明らかにすることで、日々の活動を組織への貢献意欲につなげるのである。
　また、目標の進捗状況や社員の活動状況についてお互いに確認し合い、社員間の相互理解を深めるために、福利厚生を通じコミュニケーションを図る。

(4)　できるアシスタント・スタッフを雇い社長・社員を補助させる

　社員が営業活動に専念できるよう、パート、アルバイトの事務スタッフを雇い入れる。書類の多い損保契約手続、事故処理などは、保険会社でのキャリアがある優秀な人材を確保する。即戦力および正しい業務遂行（コンプライアンス順守）の観点からも専任スタッフが行うことが望ましい。
　このような優秀なスタッフを確保するためには、最寄りのハローワークにて「保険事務員」を仕事の内容として、パート求人募集をする方法がある。「保険事務員」と明記することで比較的経験者が集まりやすい。保険会社の勤務経験者（退職者）が、子育てや家事を優先するべく、勤務時間が柔軟なパートを希望するのである。もちろん、業界の人脈を頼り適任者を紹介してもらうケースも考えられる。

図表 7-9　優秀な専任スタッフを雇い入れ補助させる

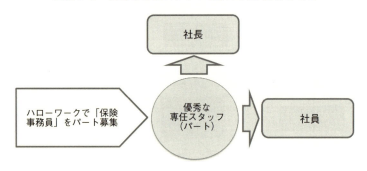

ある代理店では、社長の右腕を担うパート採用のスタッフもいるという。社長がイメージを伝えることで、権限委譲されたスタッフが総務・経理・人事のすべてを一手に担う。新卒採用に関わる学校説明から面接選考まで行う。

　この優秀なスタッフの場合は、働きに応じて時間給をアップさせており、手取り月収が営業正社員より多いそうである。

(5) 若手社員に重要ミッションを与える

　問題意識が高く、素養のある若手社員について、代理店の成長に影響を与える重要ミッションへ主体的に参画させる。具体的には、営業拡販検討や新規ビジネス検討などである。

　ばらばらに活動する代理「点」の集合体から、共に成長を続け、大きな成果を達成できる代理「店」に転換するために、組織活性化に向けて要員配置について考慮する必要がある。

　若手社員を育成するにあたっては、配属組織の命令を出す上司とは別に、よき指導・相談役となるメンターをつけて、若手社員の気づきを促すように実施することが望ましい。

図表7-10　若手社員に重要ミッションを任せる

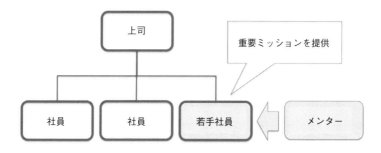

3　社員のモチベーション向上に取り組む

(1)　社員の「やる気」を高め保険販売サービスの質を向上させる

　損保代理店においては「人」が最大の経営資源である。社員のモチベーション、すなわち「やる気」を高めることで、顧客のライフプランを提案するサービス業としての保険販売営業の「質」を向上させる。これにより社員の生産性と効率性が向上し、損保代理店の組織全体のパフォーマンスを高め、その結果、業績を上げる。社員の満足度を上げ、さらに組織のパフォーマンスを高める好循環のスパイラルを組織にもたらすのである。

　本節では、社長の強いリーダーシップのもとで、社員への接し方に変化を与え、代理店組織への帰属意識を高めて、モチベーション向上と営業成績の向上につなげている取組みを紹介する。

(2)　絶対に参加したくなる定例ミーティングのススメ

　帰属意識を向上させる有効な手段は、社長やラインマネージャーが主催する定例ミーティングを行うことである。

　特に社員の高年齢化が進んでいる場合、より人の「つながり」を高めていく必要がある。成果第一主義を目的とした、単に営業活動状況をヒアリングと称して問い詰め、対策検討や叱咤するような営業会議は得策でない。

　代理店の最新の目標達成状況や損保会社からの連絡事項の共有、さらには損保商品等に関する勉強会など、ミーティング時間を確保し、聞くだけでも有益な情報を得られる（逆にいえば、欠席すると大事な情報を聞き漏らしてしまう）ように仕向けるべきである。

　また、組織に馴染めない雰囲気の悪い社員がいる場合は、その振る舞いや行動を、社長自らの言葉で、全体に対して是正を促していくことも重要となる。社長は毅然としたリーダーシップを示す必要があるが、決して怒らないこと、組織の雰囲気を壊さないこと、が重要である。

第 7 章 ●「点」から「店」へ　強い会社組織の構築

図表 7-11　社員満足度を高めて顧客満足度につなげる

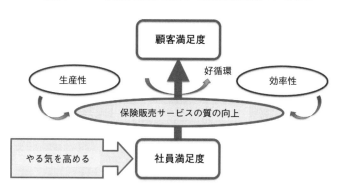

図表 7-12　参加したくなる定例ミーティング

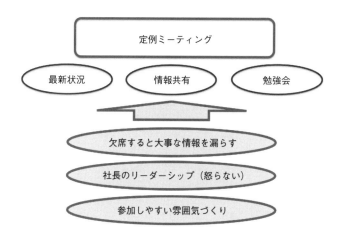

　この絶対に参加したくなる定例ミーティングの継続的開催が、社員を管理していくための最初の一歩となる。

(3)　営業成果の見える化と称賛により手応えを感じさせよう
　社員の営業成果については、新規契約の受注だけでなく、従来契約の更新

図表 7-13　営業成果の見える化による達成感の醸成

を含めて、代理店の全員で「見える化」できるようにする。

具体的には、月間の「ご成約」の1件1件について、事務所内の壁に、契約したお客さま名、契約内容、担当者名を、社長や専務など経営層の手書きにより貼り出すのである。

貼り出しはオーソドックスな手法であるが、代理店全体の営業成果が一望にできるとともに、その中での自己の貢献が手に取るように見てわかる。何より社長から、社員1人ひとりの成果を称賛してくれていることが伝わるので、達成感を醸成しモチベーション向上につながる。

営業成果の貼り出しが、事務所内スペースの制約などで困難な場合は、インターネットのソーシャルネットワーク（SNS）の活用も有効である。社員ユーザーに限定としたTwitterやブログなど、成約情報を社員で共有参照する仕組みも簡単に構築できる。事務所内での貼り出しと社内SNSを併用することでより高い効果が得られる。

(4)　社員に成長を期待させる教育の場を構築する

より高い成果と成長の機会を得るために、社員を教育する場を考える必要がある。定例ミーティングでの保険商品の勉強会にこだわらず、外部教育機関が行う社外研修会も積極的に採用していくべきである。ビジネスマナー、営業力強化、コンプライアンス、マネジメント、税務・会計など法人営業に

図表7-14　社員に成長を期待させる教育環境の整備

必要な教養が、教育メニューとして格安で受講できる環境が整いつつある。

　定額制・低価格（19人まで月額3万円以下）で、集合型の社員教育を受講させる中小企業向けの教育サービスも登場している。

　社員を拘束しない、事務所での空き時間や自宅での自己啓発の時間帯でも利用できる、パソコンからインターネットを通じて受講できるeラーニングという手段もある。社員20人が月々1万5,000円台で、複数の講座を好きなだけ受講できる大手企業提供のeラーニングも売り出されている。

　このように社外の教育環境が整備されてきていることから、損保代理店では社員が最大の経営資源であるとの認識にもとづき、将来のミドルマネージャーの育成も視野に入れた投資を怠らないようにしたい。

　新卒採用を行う場合においても「社員教育制度」が整っていることが、学生たちの会社を選ぶ基準になっていることにも留意する必要がある。

（5）　持続的な成長を社員に常に意識させる

　社員のモチベーションを上げるためには、所属組織である損保代理店が持続的に成長していく必要性を知らしめていく。毎年更新される損保代理店のポジショニングを営業成績に連動させて上げていくとともに、M&Aによる規模の拡大も積極的に行う。保険販売だけにこだわらず、個人・法人のライフプランナーの観点から周辺ビジネスを拡大させることも常に試行する。

　正社員についても、新規雇用による増員を行うことで、組織が大きくなっ

図表 7-15　社員に意識させる継続的成長

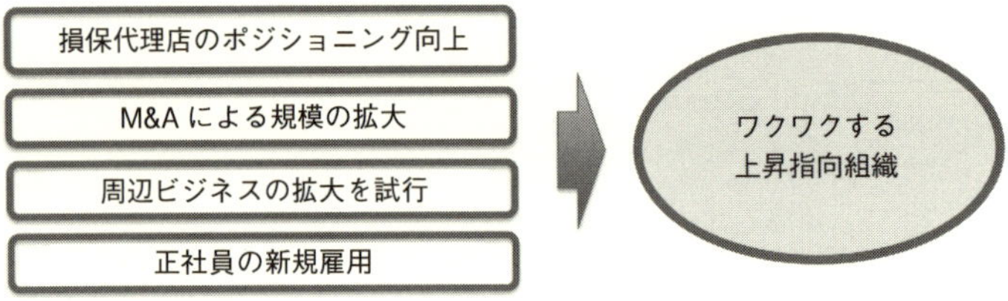

- 損保代理店のポジショニング向上
- M&Aによる規模の拡大
- 周辺ビジネスの拡大を試行
- 正社員の新規雇用

→ ワクワクする上昇指向組織

ているイメージを与えるとともに、社員間の競争意識も芽生えさせていくことが重要となる。「現状維持」を進めることにより、ともすれば成績の下がる可能性を気にさせるよりも、組織・社員がワクワクするような上昇志向を与えられる職場環境づくりが求められる。

4　貢献意欲を向上させるインセンティブを提供

(1)　全員参加型の懇親会により社員間の「つながり」を深める

組織としてより強い結束を得るためには、営業時間内だけでなく、アフターファイブでの人と人のつながりも大切である。そのため、営業成果のすべてを報酬として還元するのではなく、社員の合意を得て、福利厚生を充実させ、社員間の親睦の場を作り出すことが重要となる。

ある企業では、月1回の懇親会、年1回の社内慰安旅行の設定をしている。高齢化した社外要員の参加率も高く、代理店のその他の社員との「つながり」が深まることが参加の理由とのことである。

懇親会は飲酒を伴うため、飲酒の席が得意でなく欠席する社員には、不公平感をなくすため、現金での還元も検討しなければならない。

(2)　企業体力に合わせた福利厚生の整備

社員の働く意欲を高め、帰属意識を高めるためには、給与報酬以外のイン

図表7-16　企業における福利厚生の体系

福利厚生	法定福利	社会保障（健康保険・厚生年金保険）
		労働保険（労災保険・雇用保険）
		児童手当制度
	法定外福利	慰安旅行
		慶弔見舞金制度
		保険加入社内割引
		優遇住宅ローン制度
		寮・社宅制度

センティブとして福利厚生を充実させることも重要である。

福利厚生は、法定福利と法定外福利の2つに大別される。

法定福利は、法律にもとづいて事業主に保険料や拠出金などの費用負担が義務づけられたものである。社会保険、労働保険、児童手当制度など社員の生活保障に関するものがあげられる。

法定外福利は、事業主が自らの意思により任意に費用を拠出して行う。慰安旅行、慶弔見舞金、保険加入社内割引、法人契約による優遇住宅ローン制度、寮・社宅制度など、社員報酬の一部を補填する意味合いのものもある。

企業としての安心感・安定感を与える法定福利と、社員を想う社長への信頼感・従属意識を醸成させる法定外福利を、企業体力に合わせてバランスよく整備することが必要である。

(3) 人事考課による昇給・昇格

社員に対する適切な評価を行うことで、その評価に応じた昇給や昇格を行うことも重要なインセンティブといえる。

的確かつ計画的に社員の評価を行う人事考課は3つに大別される。仕事の質・量、達成度による「業績考課」、知識、技術、企画力、判断力などによる「能力考課」、勤務態度、熱意、協調性などによる「情意考課」である。

オープンな人事考課を作り上げて、昇給や昇格に連動させる。評価者であ

る社長や上司より、本人へのフィードバックを行うことで、長所を伸ばし、欠点を補うことが可能となる。

5 【事例】強い組織づくりの実践企業

(1) 設立10年で急成長したお客さまへのバリュー提供企業

㈱バリュー・エージェントは、設立10年にして、急速に成長している損保代理店であり、強い会社組織の構築を実践している企業である。

東京都と神奈川のエリアにて5つの営業所による保険代理店業と、2つの住宅ローン販売店を運営している。社長を含めて4名の創業から、10年後の2014年には、社員数40名を超える大きな組織になっている。

当社では、若い創業者社長のもと、不動産、保険、ローンの三位一体でのトータル・ライフ・プランナーにより、個人顧客、法人顧客への提供価値（バリュー）を追求してきた。

(2) 社長が重視する良い雰囲気づくりとコミュニケーション向上

㈱バリュー・エージェントの千秋昌康社長が重視するのは、社員のモチベーション向上につながる「良い雰囲気づくり」と「コミュニケーション向上」である。これが社員満足度（やる気）につながり、ひいてはお客さまに提供するサービスの質を向上させ顧客満足度を向上させる。

良い雰囲気づくりとして特筆すべきは、毎朝行う朝礼。毎日、経営理念を表し、社員の行動規範となる「クレド」を必ず全員で唱和する。さらに、週初めの月曜日と週末の金曜日の朝礼では「ハイタッチ」を、社長も含めて全員で行う。元気で明るいノリを演出して、営業力アップへの起爆剤と社内の良い雰囲気づくりを意識しているとのことである。

そして、社内の雰囲気を壊すことは徹底的に排除するように努めている。愚痴、ネガティブ発言、悪口、陰口は、社員の就業規則で禁止し、そのうえで雰囲気が悪く、馴染めない社員については、社長自らが社員と接して是正

第7章 ●「点」から「店」へ 強い会社組織の構築

を図っている。社長自身も怒ることはせず、自ら組織の雰囲気を壊すような言動には日頃から気をつけている。

重視するコミュニケーションの強化としては、社長より経営ビジョンを社員に明確に伝えていくことである。その実践に2つの方法を取り入れている。

1つ目は、年2回の経営方針発表会である。半期に1度のキックオフ・ミーティングとして位置づけ、数字目標の伝達はもちろんのこと、景気や保険業界の動向を見据えて、「保険業界がどうなるので、わが社はこのように対応する」という社長としての方向性、ビジョンを自身の声で熱く伝えている。

```
【企　業　概　要】
企業名：株式会社バリュー・エージェント
　　　　代表取締役　千秋　昌康
所在地：東京都千代田区内神田
TEL：03-3233-2700
FAX：03-3233-2704
URL：http://www.value-agent.co.jp/
設　立：2005年11月
```

㈱バリュー・エージェント

2つ目は、週刊の社長発信のメールニュースである。経営への想いや感じたこと、立ちあげた新規ビジネスの状況、最新の保険時事など、毎週月曜日に欠かさず全社員へメール発信している。

社員個人との密なコミュニケーションも欠かせない。毎日の営業日報は社内SNSを用いて全社員が共有できる形式でアップさせ、社長が必ず目を通す。全社員との社長面談は手間暇を惜しまず、年2回行っているそうである。

このような、社長と社員とのさまざまなコミュニケーションを駆使することで、組織のベクトルを合わせ、組織の成長を体感させ、ポジティブ志向の組織運営をめざしているのである。

図表7-17　バリュー・エージェントが実践する雰囲気づくり

朝礼でのクレド唱和、週初・週末のハイタッチ
愚痴、ネガティブ発言、悪口、陰口は就業規則上禁止
雰囲気を悪くさせない　⇒　馴染めない社員に個別対応、怒らない
経営ビジョンの伝達　⇒　経営方針発表会、メールニュース
密なコミュニケーション　⇒　SNS営業日報、全員の社長面談

（コミュニケーションを駆使）

（3）社員への権限委譲と達成感の醸成

　モチベーションを上げられれば、有能な社員は自ら最善の方法を考えて行動する。当社では、社員への権限委譲を行い、大きな成果達成とチャレンジ精神の高揚を行っている。

　当社の組織構造は、社長以下、5つの営業部・支店の部門責任者をフラットに配置したシンプルな形態である。

　営業部・支店の部門責任者は「マネージャー＆リーダー制」の階層構造を形成している。マネージャーは各営業部の収益責任を負い、リーダーには業務遂行責任（結果としての売上責任）を負わせている。成果マネジメントは部門別収益とし、マネージャーは部門別収益の最大化をめざして営業に関するすべての権限委譲がなされているのである。周辺の新規ビジネスについての提案も、社員より随時受け付け実践している。

　当社では、住宅ローンの代理店ビジネスも併設している。トータル・ライフ・プランナーとして個人顧客の人生最大の買い物である不動産の住宅購入をサポートする。クロスセリングとして火災保険の販売機会も出てくる。

図表7-18　バリュー・エージェントの権限委譲の施策

①マネージャー＆リーダー制
②部門別収益の最大化
③新規ビジネスへのチャレンジ

図表7-19　バリュー・エージェントの達成感醸成の施策

| ①部門別収益に連動した賞与 |
| ②成約連動型の生保社員インセンティブ |
| ③キャンペーン成績優秀者への表彰と賞金 |

　この周辺の新規ビジネスとして「家づくり事業」を立ち上げている。家をつくる段階から関与し、工務店アサインなど不動産事業を展開している。

　達成感を醸成する仕組みについてもさまざまな手を打っている。前述した部門別収益に対して、部門に所属する生保営業と事務の社員については、報酬として月額固定給にプラスし、収益の額に連動し賞与を支払う。

　損保営業と生保営業は明確に職種として分離しており、生保営業の報酬は低めに設定した固定給と、毎月の契約の成約額に連動したインセンティブ額を加算した報酬体系を採っている。生保営業は思考も営業プロセスも異なることから、組織として損保と生保のクロスセリングを行っている。社員は顧客情報を共有させつつ、職種と報酬を分け、生保営業の達成感を高めながら大きな成果をあげている。

　さらに、年間を通じてさまざまな社内販促キャンペーンを展開している。社内販促キャンペーンにて成果をあげた者には、表彰と社長が決めた現金や商品券などの賞金を惜しげもなく授与し、達成感を醸成させている。

財務管理と人材管理が経営を強くする

> 　代理店経営の重要な経営資源は「ヒト」である。「ヒト」への投資とコストが経営を左右する。
> 　本章では、代理店経営を強くするための「財務面」と「人材面」について、マネジメント視点から取り上げる。

1 損保代理店の財務マネジメント

(1) 損保代理店の財務構造

損保代理店の平均的な損益の構造は、**図表8-1**のとおりである。

売上高を100とすると、原価・費用は94％程度であり、営業利益率は6％となる。コストのうち人件費の割合が大きいことが特徴であり、原価・費用のうち約6割を占め、売上高対人件費率は55％である。販促費や業務委託料などの販売費はコストの約2割を占める。

規模が大きくなると、収入の手数料率が上がり、一方で単位当たりの固定費が下がる。このため、利益率は高くなる傾向にあるが、営業利益率はできれば8％をめざしたい。

生産性を1人当たり売上高で見ると、800万円程度が平均的な数値であるが、規模の大きな代理店では1,000万円を超えるところも見られる。

次に、資産・負債・資本の状況は、**図表8-2**のとおりである。

総資産を100とすると流動資産が約4割、固定資産が約6割である。流動資産のうち現金・預金の割合が比較的多く、運転資金を多く必要としない。

負債の額は総資産額の約半分となっており、そのほとんどは借入金である。自己資本比率は約5割となる。

損保代理店の資産規模はスリムであり、総資産の額は売上高以下となることが一般的であるが、規模の大きな代理店の中には、事務所等を自己所有することにより、固定資産の金額が大きくなる企業が出てくる。

(2) 損益分岐点分析の活用

代理店経営における財務管理の要点は、安定した利益をあげることである。厳しい経営環境下、利益の蓄積は企業の継続性を確保するとともに、将来の成長の源泉にもなる。

収益力の向上は、代理店の集約化が進むなかで保険会社における自社のポ

第 8 章 ● 財務管理と人材管理が経営を強くする

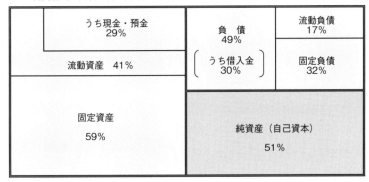

図表 8-1　損保代理店の損益構造

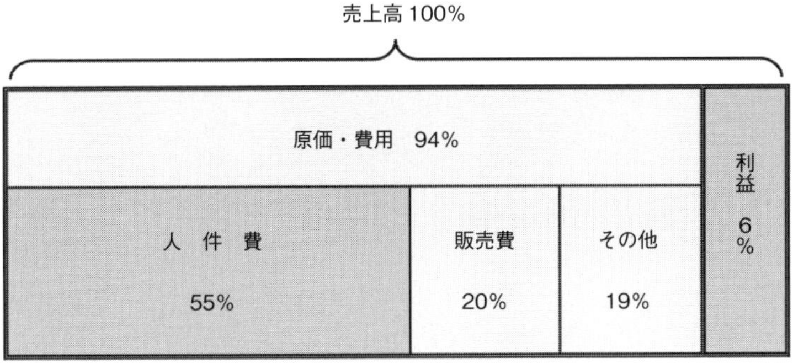

図表 8-2　資産・負債・資本の状況

ジションを高めることや、銀行借入やビジネスの拡大に伴って必要となる信用力を高めるためにも、重要な経営課題である。

　利益は、投入した経営資源（原価・費用）に対してどれだけの収益（売上）をあげたかで決まる。経営計画や経営目標の策定においては、利益額や利益率を設定することが必須となる。自社の損益構造を理解し、目標とする売上高と利益を知るための分析手法として「損益分岐点分析」がある。

　「損益分岐点分析」は、収益と費用が等しく利益がゼロになる点を算出す

る過程を通じて、原価（費用）・売上高・利益の関係を分析することをいう。

まず、原価・費用を変動費と固定費に分解する。変動費とは、売上高（売上量）の増減に

(百万円)

	売上高	200	変動費	固定費
原価・費用		180	80	100
うち人件費		100	40	60
うち販売費		50	40	10
うちその他		30	0	30
営業利益		20		

比例して増減する原価・費用であり、固定費とは、売上高（売上量）の増減にかかわらず変化しない原価・費用をいう。

次に、原価・費用（変動費・固定費）、売上高、利益の関係を**図表8-3**の利益図表を用いて説明する。上に示すような損益状況にある損保代理店を想定して表した。

変動費は売上高の40％（80÷200）を占めるが、この比率を変動費率という。変動費は売上高の増減に比例して増減すると仮定している。

固定費は売上高の増減にかかわらず100で一定である。

売上高と[変動費＋固定費]の線が交差する点が損益分岐点となり、この時の売上高は1億6,700万円となる。

現在の売上高が損益分岐点売上高をどれだけ上回っているかに注意する。現在の売上高（2億円）に対して損益分岐点売上高（1億6,700万円）の位置が低ければ、それだけ安全性が高いということになる。

売上高から変動費を差し引いた利益を限界利益といい、この限界利益から固定費を差し引くと営業利益となる。

「限界利益＝固定費」すなわち、営業利益がゼロとなる売上高が損益分岐点（売上高）である。この関係を数式で表すと次のようになる。

【損益分岐点売上高＝固定費÷限界利益率】

【限界利益率＝1－変動費率】

(3) 利益計画の作成

利益計画とは、企業全体の経営計画にもとづいて、目標とする売上高や利

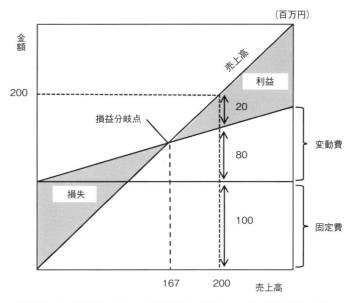

図表 8-3　利益図表

【損益分岐点売上高 167＝変動費 67（167×0.4）＋固定費 100】

益を設定する計画であるが、その作成には損益分岐点分析（CVP 分析：Cost-Volume-Profit）が有用である。たとえば、利益を拡大させたい、あるいは赤字体質から脱却したいという場合、次の３つの方法が考えられる。

① 販売計画を見直す
② 固定費を削減する
③ 変動費率を下げる

　固定費と変動費率が変わらないとすれば、利益を増やすには販売商品、販売方法や対象顧客など販売計画を見直して、**図表 8-4** のケース A のように売上を右にシフトさせる。固定費としての人件費を増やさずに利益を向上させるには、１人当たりの生産性（売上高）を上げなければならない。

　②の固定費の削減は容易なことではないが、利益改善の効果は高い（図表 8-4 のケース B）。たとえば、人件費の削減（人員の削減、給与水準の削減）

や事務所の移転による賃借料の削減などである。

　人件費の削減だけを行うことは、トラブルや従業員の士気への影響を考慮する必要がある。IT化の推進により事務作業を効率化し、システム費用を上回る事務コストの削減効果を得ることは可能である。なお、赤字体質からの脱却には固定費の削減は避けて通れない。

　③の変動費率の引き下げ（ケースC）については、たとえば、収益（手数料収入）に連動する歩合給や販売手数料の支給割合の引き下げ、販促費の削減などである。

　人件費に関わる部分の変更は容易なことではないし、販売に及ぼす影響を考慮しなければならない。契約にかかる事務の合理化やコストパフォーマンスのよい販促方法を選択するなどにより、契約獲得にかかる単位当たりのコストを引き下げる。

　利益計画は、上記①～③を択一的に行うのではなく、売上高、変動費、固定費の要素を組み合わせて利益がどのように変化するのかシミュレーションを繰り返しながら作成することになる。

　経営計画は、販売計画、人員計画な

図表8-4　利益図表の展開

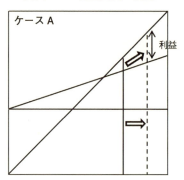

ケースA

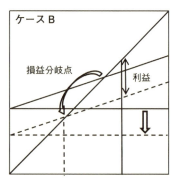

ケースB

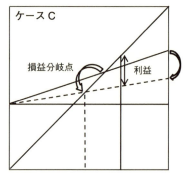

ケースC

どを統合したものであるから、全体の経営計画と各々の個別計画の整合性を、利益計画で検証しながら策定することになる。

(4) 費用の管理

ここでは、損保代理店における費用を構成する、人件費、販売費、一般管理費に大別して管理方法を考えてみたい。

① 人件費の管理

人件費	役員報酬、給与・賞与、雑給（パート・アルバイト）、退職給与、法定福利費（健康保険料、厚生年金保険料など）、福利厚生費（住宅取得支援金、保健衛生費用、慶弔見舞金など）

委託型営業員に支払う手数料や派遣社員に支払う委託手数料は、経理科目上は販売費や一般管理費に含まれるが、人件費の範疇に含めて管理する方法も考えられる。

損保代理店の人件費を、固定費と変動費という観点から区分すれば、営業人件費については、固定給部分が固定費、歩合給部分が変動費になる。委託型の営業形態を採用している場合は、支払われるコミッションは大部分が変動費である。事務員については、残業手当以外はほとんどが固定給（固定費）である。

変動費（歩合給）中心の人件費を採用すると、損益分岐点の観点からは黒字化しやすくなるが、利益の増加は売上の一定割合に限られる。

一方、固定費（固定給）中心の人件費では、売上が損益分岐点を超えると利益の増加額が大きくなるが、損益分岐点が高くなり売上が低下すると赤字になりやすい。また、売上の少ない月には資金不足になるリスクがある。

人件費の中には、企業が負担する社会保険料（法定福利費）があるが、保険料率の引き上げにより企業の負担が着実に増していることに留意する。

企業全体の人件費は、「1人当たり人件費×総人員数」で表される。人件費をコントロールするには、「1人当たり人件費」と「総人員数」の2つの

側面から検討する必要があり、詳細は第3節で説明する。
② 販売費の管理

販売費	広告宣伝費、訪問・商談などの販売活動費、交際費、販売員コミッション、顧客管理費など

　販売費は一般管理費と区別できない性格の項目もあるが、販売・営業活動に関連するコストを区分して管理する。

　広告宣伝費については、訪問営業型の代理店では既存顧客や新規顧客の契約獲得のための販促ツールなど、営業活動に要する費用が中心となる。来店型の代理店やインターネットを活用する販売では、潜在顧客に認知してもらうためのホームページの作成・運用コストや、各種媒体を通じた広告の比重が高くなり、前者に比べて広告宣伝費の重要度が増すことになる。

　企業のこれらの販売費のうち、広告宣伝費や交際費などの販売促進費は、必ずしも売上高に比例して発生するものではなく、売上高を増大させるための販売計画に従ったポリシー・コストの性格を持つ。

　たとえば、広告宣伝費については、売上高の一定比率、同業者の水準、過去の広告宣伝効果を参考にしながら総額の予算を決め、これを収益への貢献期待を考慮しながら商品や顧客セグメント別に割り当てる。

③ 一般管理費の管理

一般管理費	旅費・交通費、通信費、教育研修費、事務用品費、会議費、事務所の賃借料・水道光熱費、固定資産の減価償却費、租税公課、事務機器のリース料、システムの保守費用など

　一般管理費は、一般管理業務の遂行に関して発生する費用である。販売活動に関連して区分できる場合は、販売費として管理するほうがよい。人件費も経理上は一般管理費であるが、同様に管理上は区分したほうがよい。

　一般管理費のほとんどは過去のデータから導かれる固定費である。気づかないうちに増加していることがあるので、管理可能な項目は固定予算により適正な支出を管理することが望ましい。

(5) バリュー・エージェント社の事例

第7章で紹介した㈱バリュー・エージェントの財務マネジメントの事例を取り上げる。

最も気をつけることは、安定した利益をあげることという。当然のことと思えるかもしれないが、保険会社の代理店ランクの認定に影響するほか、事業の拡大に伴い、資金の調達や取引の信用を得るためにも、利益をあげることが必要である。

利益のほかには、一定金額のキャッシュを確保しておくことに気をつけているという。利益＝キャッシュではないため、突然資金不足に陥らないように、利益の管理のほかにキャッシュフローの管理が必要である。

人件費については、現行は、事業拡大に伴いよい人材を集めることを優先しているため、先行投資の側面が強いものの、いたずらに膨張しないように1人当たりの人件費コストを定めて管理している。

目標としている指標は、経常利益率と生産性（1人当たり売上高）である。利益管理はさらに部門別にブレイクダウンし、部門単位の営業利益率目標を設定している。部門別損益管理は、特に複数の事業分野や地域・拠点を有する企業にとっては、経営全体の方向性を分析・コントロールするために、また、人事管理上も必要である。

生産性については、やはり人的コストの比重の大きい保険代理店業にあっては1人当たりの売上高をいかに高めるかにかかっており、同社が最終的にめざすところは1人当たり2,000万円としている。

2　損保代理店の人材マネジメント

(1) 人材マネジメントの要素

企業経営は、「ヒト」「モノ」「カネ」「情報」という経営資源を活用して利益を生み出すことであるが、損保代理店の経営の特質は、「人的資源」に比重が置かれていることである。

図表8-5 人材のビジョン・戦略・マネジメント

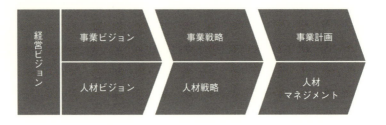

　保険という商品・サービスを顧客に認知してもらい購入に至るまでのプロセスを「ヒト」が中心となって担うビジネスモデルである。資本（カネ）はあまり必要としない。「情報」は重要であるが、情報を生かして価値を生み出すのも「ヒト」である。すなわち企業価値を増加させるものは「人材」しかないといっても過言ではない。

　経営の遂行は、第3章でも説明したように、経営ビジョン（ありたい姿）から経営戦略が立案され、その戦略を実行に移す経営計画が策定される。経営ビジョンでは事業ビジョンとともに人材ビジョンを描き、さらに、人材ビジョンを実現するための人材戦略が立てられ、この戦略にもとづき人材マネジメントの各施策が実行される。

　「人材」のビジョン・戦略・マネジメントは、事業展開のビジョン・戦略・計画に整合したものとなる。

　「ヒト」という経営資源を活用するには、さまざまなマネジメント要素を検討しなければならない。

　マネジメントの要素を**図表8-6**のように表した。各々のマネジメント要素は、相互に関連するので人材戦略のなかでトータルに整合のとれた施策を立案する。対象顧客は個人か法人か、営業は訪問型か来店型なのか、保険会社は専属か乗合か、生命保険の取り扱いの有無、対象とする営業エリアなど事業ドメインとその戦略によって最適な施策を選択しなければならない。

　2014年1月に金融庁から募集販売の再委託を禁止する方針が打ち出され

図表 8-6　人材マネジメントの要素

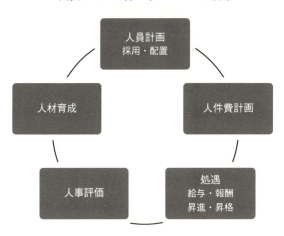

た。委託型募集人（営業員）の雇用をどうするかという問題とともに、人的資源のマネジメントがますます経営の重要課題となってくることが予想される。人材の活力向上のために「処遇」や「人材育成」が重要なテーマとなり、また雇用者の増加により適正な「人員」と「人件費」をコントロールしなければならない代理店が多くなるであろう。

マネジメント要素のうち、本節において、「処遇」の給与・報酬および「人材育成」について述べることとし、次節で「人員」と「人件費」の計画作成方法を述べることとする。

(2)　給与・報酬制度

人材マネジメントの要素のうち「処遇」、すなわち「給与・報酬」と「昇進・昇格」など人事制度については、経営形態や経営方針による。

これまでの損保代理店の営業人員は、販売成績に連動して手数料を支払う委託型募集人や歩合給の社員を中心に構成され、個人の成果に重きを置く経営であった。しかしながら、業界の統合・再編や募集販売の再委託禁止など経営環境の変化に対応していくためには、組織力を高める経営にシフトする

図表 8-7　歩合給と固定給

歩合給（業績連動給）	メリット	① "やりがい"や"動機づけ"につながり業績向上が期待できる。
		② 少数の管理者で多数の社員を管理できる。
		③ 業績のみで給与が決められるので人事考課など管理者の負担が少ない。
	デメリット	① 個人主義に走りがちになり組織運営が難しくなる。
		② 直接報酬につながらない業務を避ける傾向が生まれる。
		③ 人事考課をしないと社員の育成がおろそかになる。
固定給	メリット	① 安定雇用を望む社員についてはES（従業員満足）が高まり離職率が減る。
		② チーム運営や新規開拓など組織的な経営が容易になる。
		③ 異動や職務変更などの人事運営の柔軟性が高まる。
	デメリット	① 社員の危機意識が薄れるので成果向上のための管理が必要となる。
		② 適切な昇給・昇格と人事評価の制度が必要となる。
		③ 成果を出せない社員の処遇が難しく規模の小さい企業には影響が大きい。

とともに、組織力の源泉である人材の活力を向上させる必要がある。

　そのためにはインセンティブのあり方を含めた最適な給与・報酬制度と人材育成につながる目標管理・人事評価制度を確立しなければならない。特に損保代理店の給与・報酬制度については、歩合給とするか固定給とするかで経営のあり方が大きく異なってくる。

　この歩合給と固定給について、人件費という財務的視点からは前節で述べたが、人材マネジメントの観点からは**図表8-7**のようなメリット・デメリットがあり、これらを考慮のうえ、最適な給与・報酬制度を構築する。

(3)　人材育成の要点

　マネジメントの要素のうち人材育成の要点について述べる。時間とコストの制約のある中小企業における人材育成は、重点化の視点で考える。

　効果的な人材育成を行うためには、まず、経営戦略に対応した人材戦略に

もとづき教育の「目的」を明確にする。営業力の強化なのか、事務力のレベルアップなのか、マネジメント力の強化なのかということである。

目的が明確になれば、「誰を」対象に「何を」教育するかを考える。対象者と教育内容が定まれば、あとは「いつ」(時期や期間)、「どこで」(社外か社内か)、「どのように」(講師による研修かOJTか通信教育か) 行うかを検討する。最後に教育予算、つまり「費用」の問題を考える。人間の成長にはある程度の時間がかかるものである。中途半端な取組みは無駄な結果を招くので、方向性を決めたならば継続することが大切である。

① 教育の3類型

教育制度の体系を考えるうえで、次のような類型に整理しておく。

知識教育	商品知識や契約に関する業務知識、関連する専門知識など事業を推進するうえで必要となる知識の習得。
スキル教育	営業力やパソコンスキルなど繰り返しトレーニングすることで知識を実践レベルで活用できるようにする。
情意教育	心構えや役割課題の認識、意欲の向上など動機づけにつなげる教育であり、新任管理者研修など階層別の教育に組み入れられる。

これらの知識教育、スキル教育、情意教育をバランスよく行い、知識だけ教えて終わりということのないようにする。

② OJT と Off-JT

教育を仕事の中で行うか、離れた場で行うかで次のように整理する。

OJT (On the Job Training)	実際の仕事を担当させながら身につける育成方法	社内の既存の業務について行うのが基本。徐々に難しい仕事にチャレンジさせる。
Off-JT (Off the Job Training)	仕事の場を離れて行う集合研修等	体系的な知識の習得、社内で経験の蓄積がない分野、指導者が不足している場合など。

組織の規模が小さい場合、代理店の属する損害保険会社の研修などを利用することが多くなるが、仕事を遂行する能力の育成は実践の場でこそ効果があることを理解する。

③ **人事評価との連動**

人材育成は、社員1人ひとりの能力開発であり人事評価と連動することでより効果が上がる。人事評価は、業績評価だけに重点を置くのではなく、担当職務に応じた能力評価の項目を必ず組み入れるようにする。

能力評価は職階や経験レベルに応じて能力や知識の期待すべき水準を定め達成度合いを評価するものである。同時に上司と部下との間で、期待すべき水準と達成レベルのギャップを育成課題として認識し、能力開発に向けた取組みを進めていくための指針となるようにする。

(4) バリュー・エージェント社の事例

同社は、事業拡大に伴い積極的に採用を行っており、また、社員の構成も多様である。販売経験のある保険募集人の中途採用のほか、社会保険労務士やファイナンシャル・プランナー、中小企業診断士などの専門家を有し、新卒者も毎年採用している。

採用は人事担当の女性リーダーに権限委譲しているが、組織で共に働くことを重視して女性の視点を採り入れているところが特徴である。

給与・報酬制度は、「固定給＋業績連動賞与またはインセンティブ」を基本としており、組織の運営と成果の反映のバランスをとっている。

社員の教育については、保険会社の研修制度を活用しつつ、外部講師や外部セミナーを積極的に利用している。最近は、研修・セミナーのアウトソース企業が増えており、ビジネスの基本やマネージャーの養成など、基本的スキルや情意教育で活用している。また、採用の際、応募者は教育環境が整っていることを重視する傾向にあるという。

同社は、企業理念と経営目標を定め、社長以下トップマネジメントによる経営戦略が明確である。そして戦略を具現化するための組織と人材マネジメ

ントの各施策が遂行されており、組織内での雰囲気づくりやコミュニケーション、モチベーションの向上を通じて、人材の成長と活力が生み出されていると感じた。

　ますます厳しくなる経営環境に対応しつつ、生き残りをかけて経営戦略を確実に遂行していくために、これからの代理店経営は単なる個人の集合体ではなく、同社のように組織力を高めていくことが重要な課題である。

3　人員計画と人件費計画の作成方法

(1)　検討のアプローチ

　人件費が大きな比重を占める損保代理店にあっては、あるべき人員数と人件費を計画することが重要である。この人員計画と人件費計画は戦略、財務、業務の3つの側面から検討していく。

　戦略面からの検討とは、たとえば、新たに生命保険を取り扱う、新しい地域に進出する、営業形態を変更するなど、戦略的に必要となる人員と人件費を織り込むことである。特に新しい領域への拡大は、将来の売上と利益に貢献する先行投資の意味合いを持つので、人材投資の成果が得られたかを検証できるようにしておくことが必要である。

　財務面からの検討は、目標利益が出せるように人件費目標を定めることである。手順としては、現状分析から始まり、計画する人員数と1人当たり人件費から人件費総額を計算するシミュレーションを行い、最終的な人件費目標を定める。

　業務面からの検討は、必要な業務量から必要な人員数を把握することである。実際の業務をこなせるかということであり、人件費の制約条件となるので、財務的な検討と業務的な検討を突き合わせて最終的な人員計画と人件費計画を策定することになる。

図表 8-8　人員計画と人件費計画の算出アプローチ

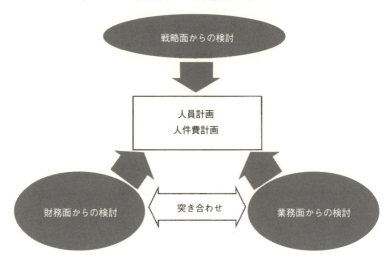

(2)　財務面からの検討

人員と人件費計画を**図表 8-9** の例にもとづき説明する。

図表 8-9 では、人件費にスポットを当てるため人件費とそれ以外の費用を分け、売上高から人件費以外の費用を控除した「人件費前利益」という項目を設けた。人件費をまかなう利益をあげているか、売上高と人件費の関係はどうなっているかを明らかにすることができる。

まず、201X 年度の現状分析から行う。当年度の営業利益率は 8％、人件費率（売上高に対する人件費割合）は 51.2％となっており、さらに人件費総額を部門別に人員数と 1 人当たり人件費の要素に分けると図表 8-9 のとおりである。1 人当たりの売上高は、販売目標を立案する際にも、また、人件費の計画を立てる際にも必要な情報である。

当社は、201X+3 年度までの経営計画を策定し、3 年後の売上目標を約 15％増の 2 億円とし、営業利益については利益率を 10％まで引き上げ 2,000 万円とすることにした。この売上目標は、最近再開発が進む Y 地域の営業強化と生保商品の販売拡充により達成することにしている。

第8章 財務管理と人材管理が経営を強くする

図表8-9　人員・人件費計画

	201X年度　実績　(千円)		201X＋3年度　計画　(千円)	
売上	173,300		200,000	26,700千円 (15.4%) 増
費用 (人件費以外)	70,600		80,000	
うち販売費	45,100		52,000	
うちその他経費	25,500		28,000	
人件費前利益	102,700		120,000	
人件費	88,800	人件費率51.2%	100,000	人件費率　50%
営業利益	13,900	利益率　8.0%	20,000	目標利益率　10%
人件費内訳	88,000		100,000	
役員報酬	23,000		26,175	
営業部門	58,300		66,825	10人⇒11人
事務部門	7,500	4,000＋3,500	7,000	3,500＋2,500＋1,000
人員 (人)	14		16	
役員	2	社長・専務	2	
営業部門	10	正社員	11	新規採用1人
事務部門	2	正社員	3	正社員1人、派遣・パート2人
全社員1人当り人件費	6,343		6,250	93千円減
営業部門	5,830	固定2,200＋変動3,630	6,075	1人当り245千円増
事務部門	3,750		2,333	1人当り1,417千円減
営業部門売上高	145,200		170,500	25,300千円増
1人当り売上高	14,520		15,500	1人当り980千円増
社長その他売上高	28,100		29,500	1,400千円増
全社員1人当り売上高	12,379		12,500	1人当り121千円増

　人員計画について、営業部門は上記営業強化のために、キャリアのある人材を1名採用し11名体制とする予定である。事務部門は正社員1名の退職に伴い、新たに派遣社員1名とパート1名を採用することとした。

　営業部門は、営業強化策により1人当たり売上高が3年間で98万円増加する販売目標を設定した。この事例では、新規採用した人材は即戦力としたが、育成を前提に若年の人材を採用する場合など将来の貢献度が未知数の場合は、既存の人員で売上と営業利益目標を達成できるように計画する。営業部門の1人当たり人件費は、201X＋3年度の売上目標にもとづいて24万5,000

円増加し607万5,000円（固定220万円＋変動387万5,000円）と設定された。

次に事務部門は、退職した正社員に代わり派遣社員とパートを採用するため、1人当たり人件費は図表8-9のとおり大きく減少する。

こうして、人員数と1人当たり人件費を算定し、これにもとづいて各部門の人件費の金額を計算する。営業部門は人員増と売上増加により852万5,000円増加するが、事務部門は50万円減少し、総人件費が1億円となる計画を設定した。人件費率は50％となり、201X年度から1.2％低下する。

(3) 業務面からの検討

業務量を把握して必要な人員数を設定するためには、次の手順で進める（**図表8-10**参照）。

図表8-10　業務面からの検討手順

現状の業務量の把握 → 改善案の策定（標準業務量の設定）→ 改善後の業務量による人員数の設定

① 現状の業務量の把握

業務量の把握は、正確さを期するのであれば、部門ごとに業務活動の棚卸しを行い、調査票などを用いて分類した活動ごとの従事時間を測定する。

詳細な時間調査を実施する余裕がなければ、担当者へのヒアリングのほか、日報の記録内容の閲覧や残業時間の発生状況などから、現在の業務量の水準を判断する。

また、年間を通じて業務の繁閑を把握することも重要である。繁忙時の業務を残業の増加で対応できないときは、ピーク時に合わせた人員を手当しなければならないからである。

② 改善案の策定

現状分析を行った結果をふまえて、部門ごとに改善策を考える。その際、全社的な視点から、その部門に与えられた役割課題（ミッション）に照らして業務内容を見直すことが必要である。

事務部門であれば、事務の正確さと効率化が通常の役割課題となるが、そのほかに、営業部門に対するサポート機能の充実というミッションを担っていれば、それに関連した活動が十分かという視点を入れなければならない。

改善策の立案は、個々の業務を次の観点から検討する。

業務の目的や効果	その業務を行う意味があるのか 例：目的の明確でない会議の廃止
業務の方法や手順	事務の手順は間違っていないか、営業ツールを正しく活用しているかなど
業務遂行者の能力	求められる業務の水準と担当者のスキル（能力・経験）がミスマッチとなっていないか

なお、ヒトの能力の問題は、通常、社内の仕事の分担の変更だけで済むような問題ではなく、人材育成の体制や外部リソースの活用など企業の組織・人材の課題として捉えることになる。

③ 業務量による人員数の設定

改善策がまとまったなら、改善後に想定される業務量から必要な人員数を割り出す。活動時間の調査を行っていたならば、業務改善後の必要総時間数を1人当たりの従事時間で除して人員数を算定する。

こうして算定した人員数と財務面からの検討において計画した人員数を突き合わせて、前者が後者を上回る場合は、業務改善等により業務削減を行うのか、財務面で人件費を増やす代わりに人件費以外の費用を削減するのかなどの検討を行い、最終的な人員計画と人件費計画を確定させる。

4　営業人員の活動分析と生産性向上

(1)　生産性向上の必要性

　最近の損保代理店の営業活動は、専属から乗合いへの移行や生命保険の取扱いなどにより取扱商品が増加し、また、コンプライアンスや顧客保護の流れから書類の作成や説明時間が増加しているため、本来の商談に費やす時間が減少しているのではないだろうか。生産性の向上を図り、1人当たりの売上高を向上させることは喫緊の課題である。

　そこで人件費というコストについて業務プロセスの視点で活動分析を行う。プロセス（仕事のやり方）の改善と無駄な活動（非付加価値活動）の排除を通じて、生産性の向上を図り実質的なコスト削減につなげる。

(2)　活動分析の例

　次のS社の事例をもとに営業活動の活動分析を説明する。

　　S社　営業エリア：千葉県全域

　　　　　営業部人員：部長1名、営業員7名

　S社の営業部門は、なかなか目標としている営業成績を達成できずにいた。そこで、営業部で行われている活動をアンケート調査およびインタビューにより洗い出し、それぞれの活動に要している時間を調査分析することとした。調査結果は、**図表8-11**のとおりである。

　結果を見ると、営業員が商談に費やしている時間は、社内活動の通信2％と社外打合せ（既存顧客、新規顧客）の20％を合わせて22％だけであった。

　では、何に時間を取られているかというと、移動時間（20％）、待ち時間（8％）、会議（8％）、提案書作成（8％）、申込・契約書作成（7％）、その他事務（9％）などであった。

　営業部長はどうかというと、商談の時間は17％だけであった。移動時間（18％）、待ち時間（6％）が多いほか、会議の時間が20％、社内連絡（9％）、

図表8-11　S社営業部の活動分析結果

アクティビティ			部長	営業員
大分類	中分類	小分類		
社内活動	通信	商談	2.0%	2.0%
		社内連絡	9.0%	2.0%
	会議		20.0%	8.0%
	デスクワーク	訪問準備	2.0%	6.0%
		提案書作成	0.0%	8.0%
		申込・契約書類作成	0.0%	7.0%
		営業報告書作成	6.0%	4.0%
		販売実勢の集計	2.0%	3.0%
		稟議書の作成・回付	5.0%	2.0%
		クレーム対応	1.0%	1.0%
		その他事務	14.0%	9.0%
社外活動	商談打合せ	既存顧客	14.0%	17.0%
		新規顧客	1.0%	3.0%
	移動時間等	移動時間	18.0%	20.0%
		待ち時間	6.0%	8.0%

その他事務（14％）など社内の業務に費やす時間が多くなっている。

このように業務活動を調査分析してみると、直接付加価値を生まない活動にいかに時間を取られているかがわかる。忙しいと感じるだけで仕事をした気になることはよくあることである。

(3)　活動分析にもとづいた改善策の検討

この調査結果にもとづき、改善すべき活動については、さらに活動の内容を精査し改善の余地はないかを考える。

たとえば、移動時間についてはS社の場合、営業エリアが千葉県全域にわたり、かつ、過去からの顧客とのつながりにより担当者の地域割が不明確になっていることが非効率な訪問活動の原因となっていた。

改善策としては、営業員の行動パターンを月曜から木曜日までは、顧客回りに集中して充て、移動は直行直帰を基本とする。営業報告や社内事務は金

曜日に集中するようルール化する。担当顧客を整理して担当地域を明確にするとともに営業エリアを分割してサブ拠点を設けることも検討する。

　営業部長については、会議の必要性の見直し、その他事務の精査をさらに行う。マネジメントに関する業務が、真に営業部門の成果向上に貢献しているのか検証する必要がありそうである。

　社内事務については、事務員のスキルアップを図り、申込・契約書の作成など定型的な業務をシフトすることや営業報告書、稟議書の作成・回覧をIT化することなどが考えられる。

　調査分析の結果、活動の目的・効果や体制・方法論の問題以外に知識や経験・能力の問題が大きな原因としてあげられることがあり、人材育成への取組みについても欠かすことはできない。

　営業員の営業力強化に関しては、バリュー・エージェント社の若手社員に対する指導例から、非付加価値業務をいかに減らして付加価値業務の割合を高めるかに視点を置いていることがわかる。

　たとえば、エリアルートの改善や1日の活動時間帯を6つに区分して訪問のアポイントを義務づけるなど、行動面を管理する。同時に、最初は保険会社や取扱商品を限定するなどして、準備活動や事務処理の負担を減らし成果をあげることにつなげているという。

　生命保険のクロスセルについては、営業手法の違いなどから生保の専任者を採用し、損害保険担当と帯同訪問させるスタイルをとっている。両者を担当することによる営業面のムダ、ロスが出ないようにしているという。

まとめ──キーワード関連図

　本章では、これまで説明してきた損保代理店の経営に役立つ基本となるキーワードについて、概要説明とともに記載する。

1　損害保険のキホンと市場環境

　第1章では、損害保険の仕組みと歴史、損害保険業界の市場環境の現状と今後の見通しを概観した。

　日本経済の成長とともに拡大してきた国内市場は現在、停滞傾向にあり、各保険会社は国内代理店網の再編と海外進出を進めている。反面、金融機関、インターネット、来店型店舗など、代理店チャネルは多様化しており、従来型の代理店にとって非常に厳しい状況と思われる。

　しかし、古くから「リスクが存在するところに保険は必要とされてきた」ことを考えれば、ビジネスチャンスは無限に広がっているはずである。

　各保険会社も、オールインワン型保険やBCP保険、介護関連商品の拡充など、時代の変化に合わせた商品開発を行っている。顧客を取り囲むリスクを精緻に分析し、最適な保険提案を行うことで活路は開けるはずである。

　また、平成2006年から発生した保険金不払い問題を受けて、代理店のコンプライアンス管理の厳格化が求められ、法改正が進みつつある。

　今後、代理店の募集人に求められるのは、多様化する商品の知識、顧客に合う保険商品の提案力、徹底したコンプライアンス意識を備えることで顧客の信頼を得続ける保険アドバイザーになることである。

2　生き残りにかける損保代理店ビジネス

　第2章では、損保代理店の業務や種類、業界全体の規模を説明するとともに、損保代理店を取り囲む環境変化と損保代理店への影響、さらには変化に対してどのような変革が迫られているのかを記載した。

　1996年の金融ビッグバン以降、損保業界では販売チャネルの多様化や商品多様化が進展している。損保代理店にとっては新たな競争に直面することとなった。

第9章●まとめ——キーワード関連図

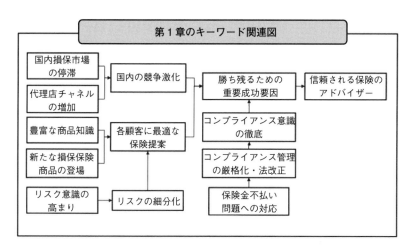

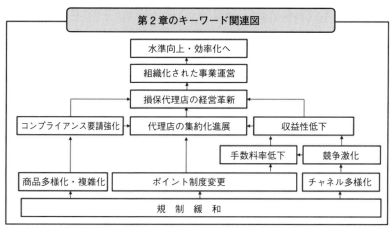

　2001年には「ノンマリン代理店制度」が廃止され、代理店制度は各社ごとに定めることが可能となった。「保有契約の維持率」に加え「増収率」や「損害率」「業務品質」などの査定により、代理店の収益性は大幅な影響を受ける。さらに、コンプライアンスの要請の高まりや新たな規制の強化などを受け、代理店は一層の効率化と水準の向上を求められることとなった。

　このようななか、変化に対応できない損保代理店は他の代理店に吸収され

るなどの集約化が進展している。

　今後一層の効率化、水準向上を図り、変化に対応していくため、損保代理店は自ら、変化変革していかなければならないものと考えられる。

3　勝ち残る秘訣はキッチリとした経営計画

　第3章では、年々厳しくなる損害保険代理店の経営環境のなか、専業代理店は基本に立ち返り、経営理念・ビジョンの作成（再定義）、経営戦略の策定、キッチリとした経営計画の作成・実行が、勝ち残る秘訣であることを述べた。

　①インターネット通販・来店型代理店・銀行窓販などの市場参入と業容拡大、②代理店M&Aなどによる代理店の大型化など保険市場の変化、③手数料ポイント化・業務適正化・効率化を求める販売委託元である損害保険会社の要求は拡大し、④自動車保険など提供される保険商品の保険料の値上げが相次ぎ、⑤金融庁の監督指針で適切な募集体制が求められている。

　このような環境変化を見据えて、経営する損害保険代理店業の存在意義＝経営理念（ミッション）の再定義が必要である。3〜5年後の「ありたい姿」＝経営ビジョンを策定し、市場と顧客、そして保険会社とのパートナーシップを見直し、自らの強み・弱みを洗い出し、マーケティングの視点を持って経営戦略を立案し、経営計画を策定・実行する経営を取り上げている。

4　法人市場の開拓はリスクマネジメントで

　第4章では、法人市場の開拓手段として、リスクマネジメントを切り口とした中小企業へのアプローチが有効であることを紹介した。

　最近、企業を取り巻くリスクは大幅に多様化・顕在化・巨額化しており、保険の重要性が高まっている。大企業であれば自らの経営資源を活用し独力で十分対応可能であっても、中小企業ではリスクへの対応方法がわからず、また時間がとれないため対応できていないケースが多い。

第9章 まとめ——キーワード関連図

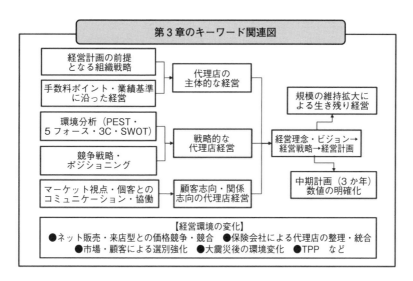

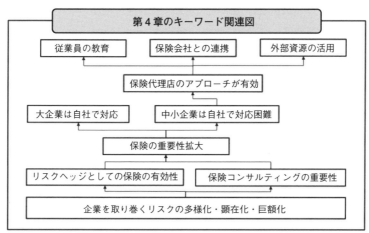

　保険代理店は、中小企業のリスクについて十分な知識と対応方法を知る専門家としての存在意義は大きい。中小企業の実情を理解したうえで、リスクマネジメントにもとづきリスクを十分見積もり、相手先企業の体力に対応した保険提案をする。結果的にリスクヘッジを可能として中小企業を支援することは、今後の保険代理店にとって重要な戦略である。

その方法としては、ただ保険商品を提案するだけでなく、保険コンサルティングとして、従業員の教育、保険会社との連携、外部資源の活用まで含めた総合的なアドバイスを行うことにより、中小企業にとっても役立ち、自社の営業も拡大する「Win-Win」の関係を成立させることが大事である。

5 地域密着型の保険代理店をめざす

第5章では、中小代理店が生き残っていく方法について、地域密着型保険代理店をめざすという具体的な取組みについて紹介した。

規模や宣伝では大手とはとても対抗できないので、自らが存在する地域に密着した営業を行っていくことが重要である。そのためには、まず自社の顧客分布状況を把握し、地域特性や競合状況を調べて地域戦略を策定する。店舗周辺を中心とした重点注力地域に対して、訪問営業などの具体的な営業戦略を立てて実践する。

背景には「ホスピタリティ・マインド」の考え方がある。まず、社長が経営方針を固め、「ホスピタリティ・マインド」を持って、従業員に十分なコミュニケーションをとり考え方を浸透させていく。従業員満足が生まれ、自らの人間力を高めたうえで、お客さまはじめ店舗近隣に対し「ホスピタリティ・マインド」を持って十分なコミュニケーションをとり働きかけていく。

この結果、お客さまとの関係が生まれ、その方がファン客となり、新しいお客さまを連れてくるという前向きの循環が生まれ、顧客満足につながる。

自社の儲けだけを追求するのではなく、地域への貢献活動を通じて、地域との連携を向上させ、共存共栄を図ることで「三方よし」が実現する。

6 ITのフル活用で売上倍増作戦

第6章では、業績アップを図るためにITをどのように活用していくのかについて、最新のIT動向もふまえて、IT活用の方策を述べた。

第9章 ● まとめ——キーワード関連図

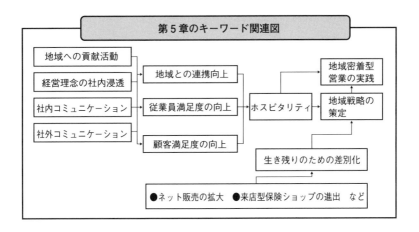

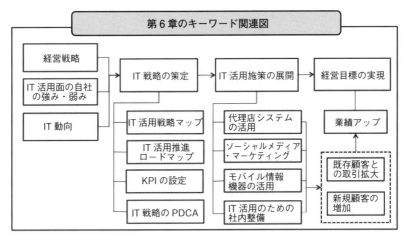

　IT活用により業績アップを図ろうとするなら、何よりもまず経営戦略に沿った形で、IT戦略を策定することが重要である。IT戦略を策定するためには、IT動向や自社のIT活用の状況などをふまえたうえで、経営目標を達成するために、いかにITを活用するのかの具体的な方策を検討・決定する。

　これを、「IT活用戦略マップ」「IT活用ロードマップ」に落とし込んで、社員に示し、全社をあげてIT活用を推進していくことで、IT活用が経営目標の達成＝業績アップに結びつくのである。

IT活用の具体的方策は、それぞれのIT戦略によって異なるが、第6章では、①現行代理店システム、②最近利用が増えているソーシャルメディアやモバイル情報機器の活用方策を紹介した。

　また、IT活用推進勉強会による社員のIT活用リテラシー向上など、IT活用のための社内教育・体制整備も重要である。

　このようにしてIT活用を推進し、経営戦略・IT戦略の達成状況をチェックすることで、経営目標達成の道も開かれる。

7　「点」から「店」へ　強い会社組織の構築

　第7章では、社内の良い雰囲気を創出し、社員1人ひとりのパフォーマンスを向上させることで、自然と業績が上がっていく優れた会社組織へ転換させていく取組み内容を紹介した。具体的な取組み施策としては、組織構造の再点検や人事面の再編成により、社長を中心とした体制見直しを図り、その組織の中で働く社員のモチベーションを向上させて、その社員が組織へ貢献したくなるようなインセンティブを提供する方法を取り上げている。

　規模の小さな代理店同士がM&Aにより規模拡大を図り、ランクアップを図る施策は今後も続くと思われる。

　また、従来、保険販売の多くを担ってきた委託型募集人を正社員化したり、組織も変わってきているので、それらへの対応も重要である。

　損保代理店経営においてサービス・マーケティングの考え方を取り入れ、保険販売員である従業員満足度（ES）を高め、その延長線として、保険契約者である顧客満足度（CS）を高める。業績向上につながることで、さらに社内の雰囲気がよくなる好循環サイクルをめざしたい。

　損保代理店の重要な経営資源は組織でありヒトである。社長が率先して良好なコミュニケーションを図れる土壌をつくり、社員への権限委譲を図ることで能動的に動くようになり、達成感を得られるようにしていきたい。

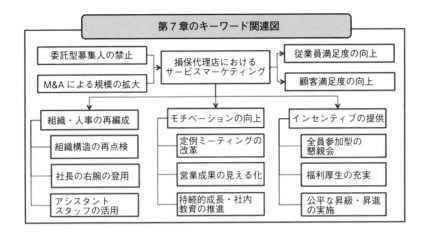

8 財務管理と人材管理が代理店経営を強くする

　損害保険代理店の経営の特質は、「ヒト」という経営資源の占める比重が大きいことである。厳しい環境の変化にさらされる業界において勝ち残っていくためには、この人的資源をどのようにマネジメントし、生かすかにかかっている。そこで第8章では「人的資源」をテーマの中心に置き、代理店を強くする財務マネジメントと人材マネジメントを採り上げた。

　財務マネジメントについては、人件費率の高い財務構造をふまえて収益力向上のために、損益分岐点分析（CVP分析）というツールを用いて利益計画を作成することを説明した。また、人件費・販売費・管理費の各費用項目についてその特質に沿った管理の要点を述べた。

　人材マネジメントに関しては、企業のビジョン・戦略に整合したマネジメント施策の立案が必要である。損害保険代理店にとって重要なテーマとなる「給与・報酬制度」の考え方と効果的な「人材育成」の要点について述べた。

　さらに、財務と業務の視点から具体的な「人員計画と人件費計画」の作成事例を説明するとともに、活動分析を通じて社員（特に営業社員）の非付加価値活動を削減し、生産性向上を図る方策を提案した。

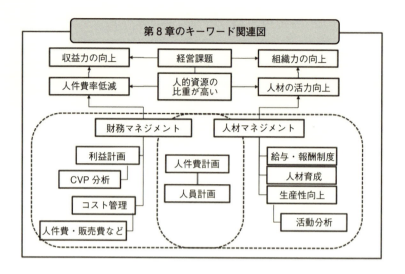

参考文献・資料

岩崎夏海『もし高校野球の女子マネージャーがドラッガーの「マネジメント」を読んだら』ダイヤモンド社

P・F・ドラッカー著、上田惇生編訳『エッセンシャル版　マネジメント～基本と原則』ダイヤモンド社

中小企業庁『中小企業白書　各年版』

八木田鶴子編『小売業・サービス業の経営課題と未来戦略～環境変化を乗り越える成長企業～』同友館

菊地浩之『図解　損害保険システムの基礎知識』保険毎日新聞社

株式会社トムソンネット編　鈴木治・岩本堯著『図説　損害保険ビジネス【補訂版】』金融財政事情研究会

Inswatch 経営塾 2000 編『保険代理店 IT ハンドブック』積文堂出版

尾籠裕之『顧客接点と代理店戦略』積文堂出版

栗原敏彰『保険業界で成長し続けるための 8 つの戦略』新日本保険新聞社

神田芳雄『実戦　損保マーケティング戦略』東洋経済新報社

【執筆者紹介】

<監修・執筆>

八木　田鶴子（やぎ　たづこ）～はじめに

　有限会社テオリア代表取締役。中小企業診断士、ITコーディネータ。1級販売士／日本販売士協会登録講師、事業再生アドバイザー等の資格をもち、おもに流通業のコンサルティングに携わる。経営革新支援、カテゴリーマネジメント支援などを得意とする。企業内外の研修・セミナー講師も多数携わる。近著として『小売業・サービス業の経営課題と未来戦略』、『経営革新支援の進め方』『新事業で経営を変える！』（いずれも同友館、共著）などがある。

<執筆者>

岡田　光太郎（おかだ　こうたろう）～第1章

　中小企業診断士、プロジェクトマネージャ、ITストラテジスト。大手損害保険会社、ITベンチャーを経て、大手コンサルティングファームに勤務。得意分野は新規事業開発、営業・マーケティング支援等。

徳間　一宣（とくま　かずのぶ）～第2章

　中小企業診断士。情報機器等を取り扱うメーカー系専門商社に勤務、システムエンジニア、内部監査などに従事。

横尾　浩輝（よこお　こうき）～第3章、第4章

　中小企業診断士、フィナンシャルプランナー、博物館学芸員。勤務先では、長く広報・CSR戦略を担い、美術館やTV番組等を担当。

遠田　昭夫（とおだ　あきお）〜第4章、第5章

中小企業診断士、社会保険労務士、1級販売士／日本販売士協会登録講師、行政書士、産業カウンセラー等の資格を保有。大手銀行で法人・個人営業、事務センター所長等に従事し、現在公益財団法人勤務。専門分野は、管理者等研修、人事管理、メンタルヘルス対策等。

高木　崇至（たかぎ　しゅうじ）〜第4章

中小企業診断士、CFP・1級FP技能士、1級DCプランナー。損害保険会社で自動車ディーラー営業担当、コマーシャル営業担当、パーソナル営業担当を経て現在、損保代理店に出向中。

安部　晃生（あべ　あきお）〜第6章

中小企業診断士、プロジェクトマネージャ、情報セキュリティスペシャリスト、システム監査技術者、個人情報保護専門監査人等のIT関連資格をもち、専門分野は、IT戦略策定、システムリスクマネジメントである。NPO日本システム監査人協会副会長。

櫨山　直和（はぜやま　なおかず）〜第7章

中小企業診断士、ITストラテジスト、システム監査技術者、Project Management Professional等のIT関連資格をもち、専門分野は、経営戦略策定、および、IT戦略の策定と展開である。

大山　明夫（おおやま　あきお）〜第8章

中小企業診断士、公認会計士。銀行勤務において中小企業向け融資、再生案件等に従事。専門分野は、財務管理、金融、事業再生、内部統制。

<総合レビューア>

吉田　健司（よしだ　けんじ）

愛夢（あいむ）コンサルティング代表。中小企業診断士。損害保険会社を定年退職後、コンサルティングに携わる。

矢野　浩史（やの　ひろふみ）

矢野コンサルティング事務所代表。中小企業診断士。総合建設業、金融業、外資系損害保険会社での勤務を経て、経営コンサルタントとして開業。損害保険会社ではコールセンターの運営や旅行会社を中心に代理店営業に従事。現在は、おもに中小企業の創業や経営改善相談に従事。

関　義之（せき　よしゆき）

弁護士、中小企業診断士。関＆パートナーズ法律事務所代表。契約書の作成・チェック等の予防法務、債権回収・労働事件等の対処法務を多く手がける。著書に、『解雇事例をめぐる弁護士業務ガイド』（三協法規出版・共著）、『中小企業のための超実践！消費税増税対策』（同友館・共著）等多数。

2016年6月10日　第1刷発行

損保代理店 成功の秘訣

監　修　八木　田鶴子
著　者　代理店ビジネス研究会
発行者　脇坂　康弘

発行所　株式会社 同友館

〒113-0033 東京都文京区本郷 3-38-1
TEL.03(3813)3966
FAX.03(3818)2774
http://www.doyukan.co.jp

落丁・乱丁はお取り替えいたします。　　　　　東港出版印刷
ISBN978-4-496-05202-6　　　　　　　　　　　Printed in Japan

> 本書の内容を無断で複写・複製（コピー），引用することは，特定の場合を除き，著作者・出版者の権利侵害となります。また，代行業者等の第三者に依頼してスキャンやデジタル化することは，いかなる場合も認められておりません。

小売業・サービス業にとって、今取り組むべき喫緊の課題は何か？
経営環境の変化に順応し成長を遂げている中小企業の事例を紹介しながら、
経営課題とそれを解決する未来戦略を展望、提案する。

小売業・サービス業の経営課題と未来戦略
〜環境変化を乗り越える成長企業〜

A5判
定価（本体2,000円＋税）

第1章	激変する経営環境で勝ち残る未来経営戦略	
第2章	「ビジョン・戦略」のない会社は勝ち残れない	
第3章	少子化の時代はママビジネスで勝ち組に	
第4章	「シニア対策」は未来経営には不可欠	
第5章	親密なコミュニケーションが未来を拓く	
第6章	「モバイル・マーケティング」で千客万来	
第7章	ソーシャル化対応の可能性	
第8章	「ハイブリッド・ローコストオペレーション」で競争力を強化	
第9章	環境取組みが未来へのパスポート	
第10章	グローバル視点と戦略が未来を創る	

中小企業診断士
八木 田鶴子 編著
（執筆者）
土田健治、笠井究宣、島原英一、遠田昭夫、栩山直和、小野晴世、渡辺裕史、桜井清治、村岡滋
（全員、中小企業診断士）

同友館

東京都経営革新優秀賞受賞等、中小企業 **18** 社の事例

新事業で経営を変える！
「経営革新計画」で成功する企業 *part* 3

小林勇治・戸田正弘 ───【編著】

A5判 並製 定価（本体1,700円＋税）

● **主な内容**
序 章	経営革新計画の承認と効果的な進め方
第1章	新事業で躍進する製造業の事例
第2章	新事業で躍進する建設工事業の事例
第3章	新事業で躍進する流通業の事例
第4章	新事業で躍進するネットビジネス・サービス業の事例

● **掲載企業**
大東工業株式会社
株式会社アイ・エム・エー
株式会社伊東ＮＣ工業
株式会社UWS ENTERTAINMENT
株式会社丸和製作所
多摩防水技研株式会社
大陽機械株式会社
株式会社ゼウス
株式会社不二電業
株式会社ＦＭＩ
株式会社光健
株式会社喜楽屋
株式会社シャクティー
株式会社オンリースタイル
有限会社ステップアップゼミ
株式会社ラーニングデザインセンター
株式会社エフデーネット
株式会社甲州屋呉服店

同友館